KB058411

유튜브! 아이의 놀이터가 되다

유튜브! 아이의 놀이터가 되다

유튜브로 세상을 보는 **아이** 유튜브로 아이를 이해하는 **엄마**

차
례

간니&닌니 다이어리 비하인드 ──────── 8

프롤로그 ──────────────────────── 14
유튜브로 세상을 보는 아이, 유튜브로 아이를 이해하는 부모

PART 1
부모의 생각 변화가 아이의 기회를 만든다
유튜브, 마인드셋으로부터 시작하자

01 유튜브를 하면 돈 많이 버나요 ──────── 24
　　유튜브는 로또가 아니다, 미래 비전

02 아이가 온종일 유튜브만 보고 있어요 ───── 30
　　감시와 통제가 아닌 대화가 필요해, 관심

03 아이들의 얼굴이 노출되는데 괜찮나요 ──── 37
　　콘텐츠가 브랜드가 되는 시대, 변화

04 유튜브랑 공부 중에 어떤 걸 선택해야 할까요 ── 43
　　누군가의 기준을 만족시키는 삶보다
　　스스로 기준을 만드는 삶을 응원하자, 사고의 전환

05 지금 시작하면 늦지 않을까요 ─────── 49
　　누구나 할 수 있지만 아무나 될 수는 없다, 새로운 시도

간니닌니's PHOTO ALBUM ──────── 56

PART 2

유튜브라는 신세계에 눈뜨다
아이디어, 열정, 끈기 삼박자가 필요해

01 간니닌니 다이어리의 탄생 ·········· 62

02 채널의 첫인상, 채널명 정하기 ·········· 69

03 맨땅에 헤딩하기 ·········· 72

04 영상 문법을 버리다 ·········· 80

05 아무도 알아주지 않았던 일상 영상의 힘 ·········· 88

06 버려야 할 것과 지켜야 할 것 ·········· 96

07 아이디어로 시작하고 공감으로 마무리 한다 ·········· 105

간니닌니's PHOTO ALBUM ·········· 112

PART 3

유튜브를 통해 부모도, 아이도 성장한다
피할 수 없다면 배우고, 즐겨라

01 우리 아이가 달라졌어요 ·········· 118

02 아이들과 부모에게 꿈을 묻다 ·········· 126

03 새로운 도전이 가져온 변화 ──────────── 134

04 부모의 시간은 거꾸로 흐른다 ─────────── 142

05 아이가 아이다울 수 있는 공간 ─────────── 149

06 우리, 내일은 뭐 하고 놀까 ───────────── 155

　　간니닌니's PHOTO ALBUM ───────────── 162

PART 4

디지털 시대, 아이에게 필요한 7가지 키워드
긍정, 경청, 차이 존중, 인성, 주체성, 도전, 감사

01 **슬라임에 빠진 아이, 괜찮을까요** ───────── 168
　　'하지 마'보다 '해 보자'라고 말해주세요, 긍정

02 **영상을 보며 늘**
　　이해 못 할 말을 하는 아이, 어떻게 대화하죠 ──── 175
　　아이의 촉을 믿고 귀 기울여주세요, 경청

03 **늘 다른 아이보다 부족한 점만 보여요** ─────── 182
　　'틀리다'가 아니라 '다르다'입니다, 차이 존중

04 **아이가 폭력에 노출되면 어쩌죠** ───────── 189
　　선한 영향력을 키워주세요, 인성

05 아이의 적성은 어떻게 찾아야 하죠 ———— 194
간택되기보다 선택하는 삶을 이야기해주세요, 주체성

06 유튜버가 되겠다는 아이를 말려야 할까요 ———— 201
새로운 경험을 멈추지 않게 해주세요, 도전

07 아이에게 무엇이 가장 중요할까요 ———— 207
행복의 가치를 알게 해주세요, 감사

간니닌니's PHOTO ALBUM ———— 212

에필로그 ———— 216
"우리 가족은 유튜브를 시작하고 '진짜 가족'이 되었다"

Thank's to ———— 220

From. 간니&닌니 ———— 223

간니&닌니 다이어리
Behind

2015.11.20
간니닌니
다이어리 시작!

수줍음 많은 간니와 명랑 쾌활한 닌니의 일상 브이로그

간니&닌니 다이어리
Behind

간니닌니 다이어리를 시작한 이후
우리 가족에게 불어온 변화의 바람,
즐거운 일상

자존감 UP!

자신감 UP!

미래 비전 UP!

간니&닌니 다이어리
Behind

다양한 경험을 쌓고 있는

간니&닌니!

선한 영향력을 가진
키즈 크리에이터의 대표 주자
간니&닌니, 앞으로도 파이팅!

유튜브로 세상을 보는 아이,
유튜브로 아이를 이해하는 부모

포털 사이트 메인 화면에서 심심치 않게 유튜브와 관련된 기사를 보게 된다. "○○ 유튜브 채널이 월 △△△을 번다!" "자극적이고 폭력적인 콘텐츠에 아이들이 무방비로 노출되고 있다!" 등등. 대부분 유튜브의 상업성이나 유해성을 강조한 부정적 기사다.

이런 내용을 읽다 보면 어렸을 때가 떠오른다. 당시에는 TV와 관련된 문제가 자주 언급되었다. 대표적으로 'TV 바보상자설'이 있었는데, TV를 보면 바보가 된다는 이야기였다. 그 후로 30여 년이 지났지만, 지금껏 TV 때문에 바보가 되었다는 사람의 이야기를 들은 적은 없다. 반면 TV 매체의 발달과 함께 새로운 기회를 얻은 사람은 많이 보고 들었다. 그래서인지 유튜브에 대한 이야기를 들으면 쉽게 수긍이 가지 않는다. '왜 유튜브 영상과 채널에 대한 긍정적인 내용은 없는 걸까?'라는 의문이 든다.

사실 유튜브의 영향력은 무시할 만한 수준이 아니다. 사용자 10억 명, 75개국 61개 언어로 서비스되는 글로벌 동영상 플랫폼으로 확실하게 자리 잡았다. 유튜브 최고 경영자 수잔 보이치키(Susan Wojcicki)의 "전 세계 사람이 자기 이야기를 할 수 있는 기회를 갖기 바란다"는 꿈이 현실화되었다. 세계인들이 자신이 하고 싶은 수많은 이야기를 유튜브를 통해 나누고 있기 때문이다.

우리나라에서도 유튜브의 영향력은 막강하다. 우리나라 사람이 가장 긴 시간 사용하는 앱으로 1인당 월평균 1,188억 분을 사용하고 있다. 지난해와 비교해 전 연령층에서 유튜브 사용 시간이 증가했으며, 특히 10대의 경우 다른 앱들과 비교해 시간 차이가 확실하다. 그만큼 10대의 유튜브 사용량은 독보적이다.

Z세대라 일컬어지는 아이들에게 유튜브는 특별하다. Z세대는 1995년 이후 출생하고, 아날로그에 대한 경험 없이 어린 시절부터 일상생활에서 디지털 기기를 사용한 세대를 가리킨다. 이들은 디지털을 더 빨리, 더 쉽게 받아들인다. 그래서 TV에서 보여주는 방송 프

로그램보다 1인 미디어에 호감도가 높다. 직접 영상을 제작하고 소비하는 크리에이터로서의 잠재력을 가지고 있으며, 유튜브를 통해 세상과 소통한다. 아이들이 재미있거나 웃긴 타임 킬링용 영상만 좋아한다고 생각한다면 오산이다. 유튜브의 콘텐츠는 교육적인 측면에서도 많이 활용된다. 실제 유튜브 콘텐츠를 아이의 공부 도구로 사용하는 예도 많다. 물론 꼭 공부가 아니더라도 아이들은 유튜브라는 창문을 통해 트렌드를 경험하고, 주변 사람들과 일상을 나누기도 한다. 그런데 과연 언제까지 유튜브를 나쁜 것, 해가 되는 것으로만 바라볼 것인가?

유튜브가 왜 좋은지
아이에게 물어보자

유튜브를 비롯한 다양한 디지털 플랫폼은 계속 성장할 것이고, 우리 아이들은 자연스럽게 디지털 플랫폼을 접하며 살아갈 수밖에 없다. 아이들은 태어남과 동시에 디지털 플랫폼을 경험한 세대로 그 안에서 세상을 바라보기 때문이다. 부모만 현재에 머물러 변해 가는 상황을 외면하는 건 시대에 뒤처진 모습으로밖에 보이지 않는다. 아이들을 이해하기 위해서라도 부모 역시 유튜브를 비롯한 디지털 플랫폼을 알아야 한다.

그렇다고 해서 디지털 전문가가 되라는 말은 아니다. 작은 관심으로 출발하면 된다. 대화를 통해 아이들이 유튜브를 어떻게 대하고 있는지 알아 가면 된다.

유튜브를 시작하기 전 나는 안 되는 게 참 많은 엄마였다. 위험한 순간이나 훈육을 위해 "안 돼"라고 말한 것도 있지만, 아이들이 크고 나니 좀 더 쉽게 케어하기 위해 "안 돼"라는 말을 사용했던 건 아닌가 하는 생각이 들었다. "안 돼"는 아이들의 세계를 온전히 이해하지 못하는 어른들의 핑계일 수도 있다. 아이들과 유튜브 채널을 운영하면서 아이들이 하고 싶은 것에는 저마다의 이유가 있음을 알게 되었다. 그러면서 아이들에게 "안 돼"보다는 "그럼 한번 해 볼까"라는 말을 던지기 시작했다.

특히 유튜브 채널의 운영은 항상 새로운 것을 찾아내고 도전하고 시도해 봐야 하는 작업이다. 그러다 보니 "한번 해 볼까"라는 말이 꼭 필요한 문장이 되었다. 우리 가족도 서로 발견한 아이템을 공유하면서 "해 보자"고 말한다. 이 모든 긍정적 변화는 유튜브 채널을 운영하면서 시작되었다.

아이들이 좋아하는 일에
함께 뛰어들자

아이들이 좋아하고 해 보고 싶어 하는 것에 부모가 관심을 가졌으면 좋겠다. 그것을 왜 좋아하는지, 왜 하고 싶은지 물어보고 대화를 나누다 보면 어른들이 몰랐던 세계가 펼쳐질지도 모른다. 아이와 함께 가감 없이 의견을 나누고, 아이가 원하는 것을 '시도'해 보자. 어른의 생각으로는 '이게 왜 좋을까' 싶은 것도 함께 도전해 보면 이유를 알게 되고, 아이들의 생각도 이해할 수 있게 된다.

아이들이 무언가를 도전하고 시도하고 경험하는 것에 의미 없는 일이란 없다. 단순한 즐거움에서부터 자신의 적성을 찾는 길이 될수도 있으며, 부모와의 유대감을 높여주고 소통을 원활하게 만들어주는 요소가 될 수도 있다. 그리고 부모와 아이의 작은 시도가 좀 더큰 세상으로 나아가는 첫걸음이 되기도 한다. 부모는 내 아이가 큰세상을 마주하고 미래를 향해 나아가는 사람으로 성장하길 바라지조그만 세상에 갇혀 살기를 원하지 않을 것이다.

나는 유튜브를 운영하면서 더 넓은 세상과 무한한 가능성을 보았다. 그리고 그 안에서 마음껏 꿈꾸고 싶어 하는 아이들도 보았다. 부모는 아이의 관심과 흥미가 유튜브에 있다고 걱정할 일이 아니라 그 관심과 흥미가 올바른 방향으로 나아가도록 도와주어야 한다.

아이들의 상상력과 창의력은 어른들이 미처 할 수 없는 생각을 하게 만들고, 어른의 눈에 보이지 않는 것을 보게 한다. 아이들의 시선은 부모가 세상을 배우는 창이 될 수도 있다. 부모가 아이의 시선이 머무는 곳을 같이 바라보고, 아이의 걷는 방향을 앞서 걸어가야 하는 이유이다.

아이와의 소통이 어려운
부모를 위한 안내서

'간니닌니 다이어리' 유튜브 채널을 운영하면서 자녀가 유튜브를 하고 싶어 한다는 내용의 질문을 가장 많이 받는다. 이 질문을 받을 때마다 "시켜 보세요. 그리고 가능하면 옆에서 지원해주세요. 좋은 경험이 될 거예요"라고 대답한다. 이 대답은 100% 내 경험담에서 나온 말이다.

우리 가족은 유튜브 채널을 운영하면서 많은 변화를 겪었다. 아이들과 함께 부모도 성장했다. 관심을 가지고 아이들에게 하고 싶은 것과 좋아하는 것을 계속 물으면서 아이들과의 대화가 자연스럽게 이어졌다. 또한 부모와 소통하면서 아이들의 성격이 바뀌고 직업관이 변했다. 삶을 대하는 관점도 조금씩 유연해졌다.

소위 남들이 말하는 공부 잘하는 모범생 '딸'을 바라던 내 마음도 달라졌다. 공부가 교육과 양육의 전부가 아니라는 사실을 깨달았다. '긍정, 경청, 차이 존중, 인성, 주체성, 경험, 감사하는 마음' 등 아이들이 알고 느껴야 하는 다양한 가치를 알게 되었고, 유튜브를 운영하면서 우리는 서로에게 이런 가치를 전하는 사이가 되었다.

나는 육아 전문가가 아니다. 그리고 아이들을 위해 희생해 온 헌신적인 부모도 아니다. 그런데 내 인생과 내 일이 중요했던, 육아에 육 자도 몰랐던 내가 유튜브를 시작하면서 달라졌다. 디지털 시대에 어떻게 하면 아이들과 제대로 소통하고, 세상의 변화에 발맞출 수 있을까 고민하기 시작했다. 유튜브를 이해하면서 내 아이가 보는 세상이 보였고, 그로 말미암아 내 아이의 미래가 바뀌고 있다.

이 책은 그 과정에서 내가 느끼고 경험한 이야기들을 담았다. 유튜브 때문에 아이와 전쟁을 치르고 있을지도 모르는, 예전에 내가 경험한 고민과 걱정으로 답답해하는 부모들에게 다른 해결책이 있다는 이야기를 전하고 싶다.

사실 아이를 키우는 데는 정답이 없다. 그저 이 책이 매일 새롭게 변하는 디지털 시대에 아이들에게 어떤 방향을 제시해주어야 하는지에 대해 함께 고민하고 이야기를 나누는 출발점이 되기를 바랄 뿐이다.

삶은 완벽한 시간에 완벽한 기회를 제공하지 않는다.
기회는 아무런 기대감도 품고 있지 않을 때 불쑥 찾아온다.
그런데 좋은 기회는 한눈에 알아보기 어렵고 혼란스럽고
복잡하다. 위험할 수도 있고 도전정신이 필요할 수도 있다.
어떤 순간에도 실패를 두려워하지 말고, 믿음을 잃지 말아야 한다.
– 수잔 보이치키

2019년 7월,
니블마마 고은주

"
세상은 더 빠르게 변할 것이다.
더 빠르게 급변할 디지털 급행열차에 지금이라도
탑승해 보기를 권한다. 문 앞에서 아직도 망설이고 있거나,
아이와 함께 유튜브라는 열차를 타는 게 두렵더라도
긍정의 시선으로 조금만 더 용기를 내어 보자.
"

부모의 생각 변화가
아이의 기회를 만든다

유튜브, 마인드셋으로부터 시작하자

유튜브를 하면
돈 많이 버나요

유튜브는 로또가 아니다, 미래 비전

언젠가 인터넷 메인 기사로 떴던 내용에 화들짝 놀란 적이 있다. 요즘 아이들의 꿈이 건물주와 유튜버라는 것이 충격적이라는 내용이었다. 그 기사를 읽으며 '유튜브와 크리에이터에 대한 인식이 아직도 이 정도에 머물러 있구나'라는 생각이 들었다. 사회 전반에서 '유튜브=돈'으로 인식하는 사람이 많다. 하지만 나는 유튜브가 일확천금을 가져다주지 않는다고 자신 있게 말할 수 있다.

흔히 유튜브를 로또라고 말하는데, 개인이 원하는 숫자(구독자 수, 조회 수 등)에 도달하는 채널이 되기 위해서는 정말 피나는 노력이 필요하다. 편집하다 보면 남편은 집에 들어오지 못할 때가 허다하다.

그만큼 자신의 본업이 있으면서 유튜브 채널을 운영한다는 건 치열한 노력과 열정이 수반되어야 한다. 그러나 아직까지도 유튜브를 삐딱한 시선으로 바라보는 사람이 많다. 특히 어린이가 출연하는 채널에 대해서는 그 잣대가 더욱 엄격해진다.

"어른들은 열심히 일해서 돈을 버는데, 애들이 너무 쉽게 돈을 버는 것 아니야?" "키즈 크리에이터 하면 돈을 엄청 많이 벌겠지?" "부모가 아이들을 착취하는 것 아닌가?" 등등 듣기만 해도 얼굴이 붉어지는 내용도 있다. TV와 영화에 출연하는 아역 배우, 연예인의 자녀, 미성년의 아이돌은 모두가 인정하는 정상적인 루트를 걷는 것이고, 유튜브 채널을 전문적으로 하는 아이들과 그 부모들은 악의 구렁텅이에 빠진 것처럼 바라보는 시선이 분명히 존재한다. 도대체 무슨 차이가 있단 말인가!

물론 아이들과 함께하는 유튜브 채널의 목적이 돈이어선 안 된다고 생각한다. 아이들과 가족의 성장이 목표가 되어야 한다. 일에 파묻혀 살던 부모가 유튜브를 하면서 자녀와 함께하는 시간을 갖게 되고, 수줍고 자존감이 낮았던 아이가 변한 것처럼 말이다.

유튜브의 목적을 돈에 두는 것은 아이들의 꿈을 돈으로 바꾸는 것과 다르지 않다. 꿈은 돈으로 살 수 있는 것이 아니며, 그렇게 이룬 꿈은 쉽게 부서진다. 결국 유튜브는 아이들의 꿈을 도와주는 새로운 기회이자 삶의 변화를 이끌어내는 자극제가 되어야 한다.

유튜브를 포함한 디지털 플랫폼은 아이들의 꿈을 도와주는 새로운 기회이자 삶의 변화를 가져다주는 단초를 제공한다. 아이들의 꿈은 수시로 바뀐다. 그런 아이들이 어떤 관심사를 가지고 어떤 재능이 있는지 알 수 있는 하나의 시험장, 평범함도 특별함이 될 수 있는 공간이 유튜브가 대표격인 디지털 플랫폼이다. 따라서 유튜브 채널을 운영해 돈을 벌어야겠다는 생각보다 아이들과 함께하는 시간을 늘리고, 아이의 꿈을 경험해 보는 장으로 활용하겠다는 생각을 가졌으면 좋겠다. 이런 활동을 통해 얻는 경험은 결코 돈으로 살 수 없는 것들이니 말이다.

미래의 보험이 되어주다

우리는 유튜브를 통해 아이들의 미래와 비전에 대한 보험을 만들어 가고 있다고 자부한다. 아이들에게 남겨주고 싶은 자산을 유튜브를 통해 만들고 있다. 대부분의 부모가 아이의 교육을 위해 장기간 돈을 모으고, 교육보험을 드는 것과 다르지 않다. 열심히 모은 돈으로 아이의 대학 학비를 내주는 것도 의미 있는 일이지만 개인적으로는 아이들이 미래에 하고 싶은 일을 찾도록 도와주는 디지털 플랫폼을 만들어 가는 것도 큰 의미를 가진다고 생각한다.

아이가 여행을 좋아한다면 여행 기록을 유튜브에 올리고 이를 브랜드화할 수 있나. 꼭 여행과 관련된 어떤 직업을 갖지 않더라도 유튜브 채널을 운영하는 것으로 메인 직업을 삼을 수도 있고, 서브 잡이 될 수도 있으며, 그것도 아니라면 훌륭한 취미가 될 수도 있다. 아이가 파티시에가 되고 싶다면, 그 주제로 채널을 만들어 홍보하고 소통할 수도 있다. 키즈 크리에이터의 경험이 없더라도 꿈을 이룰 수는 있지만, 어린 시절의 경험은 이 모든 작업을 수월하게 만들어 줄 것이다.

이미 키즈 크리에이터로서의 기반을 다져놓았다면 기존의 구독자가 있어 새로운 콘텐츠에 대한 진입 장벽이 낮아질 수 있다. 저축은 금전적 부분에서만 자녀를 서포트해줄 수 반면, 유튜브는 다양한 방식으로 아이들의 미래 보험이 되어줄 수 있다.

물론 이런 이야기가 유튜브를 개인 기록장으로 활용하려는 사람, 돈을 벌고 싶거나 유명해지고 싶어 구독자 수를 늘리려는 사람에게는 아무 소용없다는 것을 알고 있다. 또한 아이들의 미래가 높은 성적이나 좋은 학교에 다니는 것에 달려 있다고 여기는 부모에게도 와닿지 않을 것이다. 하지만 우리 아이들이 살아갈 세상에서 공부가 성공을 좌우한다고 확신하기는 어렵다. 반면 어린 시절 부모와 함께한 여러 경험은 아이에게 좋은 영향력을 미칠 거라고 확신한다.

아이들의 현재와 미래를 부모가 함께 만들어 나간다는 사실에 집중했으면 한다. 아이들과 함께 할 수 있는 시간은 부모의 기대나 생각만큼 길지 않다. 아이는 스무 살이 되면 부모의 품을 떠난다. 초등학교만 졸업해도 엄마 아빠 뒤만 졸졸 쫓아다니고 엄마 아빠랑 노는 게 세상에서 가장 즐거웠던 아이들은 친구들과 시간 보내는 것을 더 좋아하고, 자신만의 시간을 가지려고 한다. 그런 아이들과 온전히 함께할 수 있는 시간, 그 시간을 가족이 함께할 수 있다면 그것만으로 얼마나 큰 의미가 있는지 경험해 보지 않은 사람은 알지 못할 것이다.

더불어 자녀의 미래를 아이들의 노력에만 맡겨두고 부모는 노력하라고 잔소리만 늘어놓는 것이 아니라 유튜브라는 플랫폼을 통해 놀이처럼 재미있게 만들어 나갈 수 있다는 것도 큰 매력이다. 이러한 장점에도 여전히 유튜브가 돈 버는 수단으로만 보이고, 빠져나오기 어려운 악마의 유혹처럼 느껴지는가? 그렇다면 나는 아이의 시선이 향해 있는 곳을 바라보라고 말하고 싶다.

디지털 시대에 태어난 아이들은 핸드폰, 컴퓨터, TV 등 미디어와 떼려야 뗄 수 없는 관계를 형성하고 있다. 그러다 보니 자연스럽게 디지털 미디어 기기들을 접하며 살아간다. 그리고 그 안에서 아이들의 시선은 이미 유튜브를 향해 있다.

시간이 흐르면 유튜브의 사용 용도가 지금보다 더 늘어날 것이다. 포털에서 검색하던 정보를 유튜브에서 찾아보고, 오락과 교육 모두 유튜브를 활용하게 될 확률이 높다. 하지만 우리 사회와 어른들은 아직도 아이들의 시선 반대편을 바라보고 있다.

물론 나쁜 콘텐츠, 나쁜 채널, 나쁜 어른도 있다. 유튜브 채널을 운영하면서 가장 안타깝게 생각하는 부분이다. 하지만 유튜브 채널을 만드는 사람들과 그것을 시청하는 사람들의 노력이 선행된다면 부정적인 부분은 걸러질 수 있다. 좋은 콘텐츠를 만들려는 노력, 나쁜 콘텐츠를 멀리하기 위한 노력 말이다.

유튜브에는 좋은 콘텐츠, 좋은 채널, 좋은 어른도 있다. 그리고 우리 모두는 아이들과 함께 좋은 콘텐츠를 만들고 좋은 채널을 운영하는 좋은 사람이 될 수 있다.

02

아이가
온종일 유튜브만
보고 있어요

감시와 통제가 아닌 대화가 필요해, 관심

가끔 "간니 닌니는 유튜브를 자유롭게 보게 하나요?"라고 질문하는 부모들이 있다. 내 대답은 "아니요, 그렇지 않습니다"이다. 키즈 크리에이터라고 해서 유튜브라는 세계에 아이들을 자유롭게 풀어놓은 채 방목하지는 않는다. 나 역시 유튜브를 잘 보지 않았고, 디지털 매체의 문제점에 대해서도 어느 정도 인지하고 있는 사람이다. 그래서 가족이 함께 유튜브 채널을 운영하고 있어도 내 아이들은 더 철저하게 디지털 매체에 대해 교육시키자고 다짐했다.

아이들이 TV 시청을 많이 하면 대부분의 부모는 "무슨 프로그램을 보니?" "그 방송은 안 좋으니까 다른 것 보자" "TV는 1시간만 보는 거야" 등등 적극적으로 관여한다. 부모가 TV 프로그램과 시청 시간을 관여하는 것처럼 유튜브에 대해서도 적극적으로 시청 관여를 하고 있을까? 예상컨대 유튜브를 보는 아이들에게는 단 한 마디로 끝나는 경우가 많을 것이다. "꺼!" "보지 마!" "그런 거 왜 보니?"라고.

감시와 통제가 아니라 대화가 필요하다

수백 개의 채널이 있는 TV는 위험하지 않고 유튜브만 위험하다고? 나는 그렇게 생각하지 않는다. TV 채널 가운데서도 아이들에게 유해한 방송이 얼마든지 있다. 유튜브가 그러하듯 말이다. 유튜브 역시 부모의 적극적 개입을 통해 옥석을 가려내야 한다. 유튜브는 정보의 바다다. 부모가 먼저 유튜브를 제대로 파악해 효율적으로 사용한다면 굉장히 좋은 교육적 플랫폼이 될 수도 있다.

우리 집은 스마트폰 통제 앱을 통해 시간 제약을 한다. 간니 닌니가 유튜브를 볼 수 있는 시간은 최소 30분에서 1시간이다. 간니가 유튜브를 보고 싶다고 하면 그때 잠깐 열어준다. 그리고 나중에 아이들이 어떤 채널을 봤는지 시청 목록을 함께 살펴본다.

통제 앱을 두고 아이들의 인권 문제를 언급하기도 하지만 아이들이 미성숙한 상황에서는 올바른 가치관이 형성되고 자기통제 능력이 생기기까지 부모의 관리가 절대적으로 필요하다고 생각한다. 다만 감시나 통제로 느껴지지 않도록 아이들과 충분한 대화를 나눠야 한다.

간니는 슬라임 전문 채널을 좋아하는데, 시청 목록을 보면서 아이에게 왜 좋은지 물어보았다. 슬라임 채널을 보고 있으면 스트레스가 사라진다고 했다. 슬라임을 만질 때 나는 뿌직뿌직 소리를 들으면서 조몰락거리고 있으면 힐링이 된단다. 닌니는 애니메이션 위주로 보는데, 아무래도 자신이 성우로 활동하고 있다 보니 관심이 많다.

아이들에게 "혹시 이상한 그림이나 단어가 뜨면 절대 눌러 보지 마. 그거 한 번 누르면 연관되어 계속 나오니까. 알았지? 절대 누르면 안 돼"라는 식으로 유튜브 콘텐츠에 대해서도 철저히 교육한다. 모든 아이가 부모의 말을 잘 듣는 것은 아니기 때문에 호기심이나 실수로 좋지 않은 콘텐츠를 볼 수도 있다. 시청 기록 체크가 필수인 이유도 그 때문이다. 이런 경우 부모는 왜 봤냐고 야단치는 게 아니라 왜 안 좋은지 아이가 이해하고 납득할 때까지 설명해주어야 한다.

유튜브와 관련해 규칙 정하기

양육 웹사이트를 개발한 파브 제시는 디지털 시대, 모바일 기기에 대해 부모는 자녀에게 '엄격한 접근법' 또는 '유연한 접근법'을 적용

해야 한다고 말한다. 자녀가 이용할 수 있는 일부 매체를 차단하고, 온라인에 접속하는 시간을 제한하거나 허용하지 않고, 소셜 미디어 등 온라인 활동을 감시하고 제어하는 것은 '엄격한 접근법'이다. 아이들이 스스로 활동하게 놔두고 자신의 경험을 통해 학습하도록 유도하는 것은 '유연한 접근법'이다. 제시는 이에 대해 "두 가지 방법을 혼용해 사용하는 것이 가장 이상적이다"라고 말하지만, 나는 주로 '엄격한 접근법'을 사용한다. 이때 아이에게 납득할 수 있는 규칙을 정해주어야 한다.

첫째, 하루에 유튜브를 볼 수 있는 시간을 정한다. 시간을 정할 때 주의할 점 중 하나는 무조건 부모의 기준에 맞추려 하지 말고 아이와 타협하면서 융통성을 발휘해야 한다는 것이다. 아이에게 "30분 이상은 절대 안 돼!"라고 강제하는 것이 아니라 "얼마 동안 보고 싶어?"라고 먼저 물어보고 타협점을 찾는 것이 중요하다.

둘째, '일어나자마자, 잠자기 전, 밥 먹을 때는 유튜브 시청 금지' 등 시청 불가능한 시간에 대한 명확한 기준을 세운다. 예를 들어 우리 집의 경우 식사 시간에는 유튜브를 보지 못하게 한다. 다른 사람들과 함께 식사할 때 아이들이 투정을 부리면 많은 부모가 달래기 위해 유튜브를 틀어준다. 그러면 아이들은 잠잠해지고, 부모는 좀 더 편하게 식사를 할 수 있다. 하지만 이는 부모의 편리함과 아이의 잘못된 시청 습관을 맞바꾸는 것과 다름없다. 유튜브 중독으로 가는

지름길이자 산만하고 집중력 없는 아이로 자랄 가능성이 높다. 밥을 먹거나 다른 행동을 하고 있을 때만큼은 아이가 그 일에 집중하도록 유튜브 시청을 자제시켜야 한다.

마지막으로 유해 콘텐츠 차단 기능 설정이다. 이는 아이와의 규칙이라기보다 부모가 꼭 실천해야 하는 일이라고 생각한다. PC, 태블릿, 스마트폰에서 아이가 온라인을 통해 접근할 수 있는 민감하고 폭력적이고 외설적인 콘텐츠를 제한시켜야 한다.

중독 예방을 위해 부모도 유튜브를 알아야

아이의 유튜브 중독을 미연에 방지하거나 치료할 수 있는 또 다른 선행 조건은 '부모의 공부'다. 부모가 유튜브에 대해 잘 알지 못하면 절대 유튜브에 중독된 아이를 건져낼 수 없다. 우선 자녀와 함께 유튜브를 시청하는 것이 좋다. 교육적인 콘텐츠를 발견해 아이에게 시청하도록 유도하는 것도 좋지만, 아이가 좋아하는 오락적인 콘텐츠를 함께 즐기는 것도 괜찮은 방법이다.

교육적인 영상을 아이와 함께 보는 것은 유튜브에 대한 긍정적인 활용 방법을 알려주는 역할을 한다. 오락 콘텐츠의 경우 아이와 공감대를 형성하면서도 올바른 시청 교육을 할 수 있는 실습의 역할을 해준다. 아이 혼자 유튜브를 볼 때 콘텐츠나 댓글에서 욕설 또는 좋지 않은 문장이나 장면 등에 노출될 수 있는데, 부모가 옆에서 같이 즐기면서 감상한다면 그런 부분을 걸러줄 수 있다.

이렇게 하면 아이의 감정을 조절하는 데 도움이 되며, 기본적인 예의도 배울 수 있다. 그리고 부모가 자신의 관심사에 공감하고 있다는 것을 보여줌으로써 아이와 정서적으로 가까워질 수 있다.

아이와 함께 유튜브에 대해 자주 대화를 나누는 것도 필요하다. 즐겨 보는 콘텐츠가 무엇인지, 왜 좋은지, 부모에게 추천하고 싶은 채널은 없는지 등 폭풍 질문을 쏟아내면 아이들은 귀찮아하기보다 부모가 흥미를 보이는 데 기쁨을 느낄 것이다. 그리고 좋은 콘텐츠를 발견하면 아이에게 해당 링크를 보내거나 공유한다.

자녀가 사용하는 신조어를 온라인에서 검색해 그 뜻을 알고 직접 사용해 보는 것도 좋은 방법이다. 어쩌면 유치해 보이는 사소한 노력에 부모를 바라보는 아이의 눈이 180도 달라질지도 모른다. 혼자서 유튜브를 감당하는 게 어렵다면 주변의 다른 부모들과 서로의 경험을 교류하는 것도 추천한다.

다시 강조하지만, 부모도 유튜브에 대해 잘 알고 있어야 한다. 채널을 운영하지 않더라도 유튜브를 공부해야 한다. 그래야 아이들에게 좋은 길라잡이 역할을 할 수 있고, 아이들과 소통하는 부모가 될 수 있다.

"TV만큼 유튜브도 시청 패턴을 조정해주세요."

"무조건 유튜브가 나쁘다고 말하지 말아주세요."

여러 번 강조해서 하고 싶은 말이다. 아이들은 이미 유튜브 세상에서 살고 있다. 그런데 부모가 거두절미하고 무조건 안 된다고 하면 아이들의 반항심만 자극할 뿐이다. 조정 가능했던 아이들도 반발심이 더 커질 수 있다.

"이 채널은 봐도 돼" "이 채널은 별로인 것 같은데 안 보는 게 낫지 않을까?" "오늘은 30분만 보는 거야"라면서 적극적으로 채널과 시간을 조절해주면 아이들을 유해한 콘텐츠로부터 보호할 수 있다. 이제 유튜브는 선택이 아닌 필수인 세상이 되었으니 말이다.

03
★

아이들의
얼굴이 노출되는데
괜찮나요

콘텐츠가 브랜드가 되는 시대, 변화

유튜브 관련 자문이나 인터뷰, 강의를 할 때 빠지지 않고 나오는 질문 중 하나는 "아이들의 얼굴이 공개되는 것에 대한 두려움이나 걱정은 없었나요?"라는 것이다. 내 대답은 "단언컨대 없었어요"이다. 아이들에게 부끄럽지 않은 영상을 만들 자신이 있었기 때문이다. 그래서 나는 덧붙여 이렇게 말한다.

"향후에도 후회하지 않기 위해 아이들이 커서도 상처받지 않는 영상, 부끄럽지 않은 영상을 만들려고 노력하고 있어요."

처음 유튜브 채널을 시작한 지 3년이 지났다. 나는 여전히 아이들과 함께 유튜브라는 열차에 올라탄 것을 후회하지 않는다.

유튜브는 기회의 땅이다

세상은 변한다. 미디어도 변한다. TV를 보는 것만이 가장 큰 즐거움인 시대는 지났다. TV와 신문으로 뉴스를 보던 사람들이 이제 유튜브에서 뉴스를 본다. 학원에 가서 공부하던 사람들은 유튜브로 공부한다. 사람들은 유튜브를 통해 세상을 읽는다. 그리고 사람들은 유튜브에서 단순히 정보만 찾는 것이 아니라 자신의 의견을 개진하기 시작했다. 영상을 통해 자신의 생각과 일상을 보여준다. 유튜브는 더 이상 B급 매체가 아니라 일상에서 간과할 수 없는 중요한 플랫폼이 되었다. 사람들은 저마다 핸드폰을 손에 든 채 다양한 콘텐츠를 본다. 이제 시대가 변했음을 인정해야 한다.

유튜브에서는 콘텐츠와 크리에이터 자체가 하나의 브랜드가 된다. 지금은 누구나 콘텐츠를 만들 수 있는 세상이다. 핸드폰만 있으면 자신이 먹고 있는 음식, 오늘 보고 온 영화 리뷰, 여행 기록, 심지어 신문 기사나 강아지의 산책도 콘텐츠가 되고 브랜드가 되는 시대가 되었다. 과하게 표현하면 할 줄 모른다는 것은 핑계에 불과하며, 시대의 흐름에 발맞춰 가지 못하는 것은 세상에 뒤처지고 있다는 의미일 뿐이다.

유튜브는 누구에게나 열려 있는 기회의 땅이다. 특별할 것 없는 아이도, 평범한 회사원도 크리에이터가 될 수 있고 자신의 브랜드를 만들 수 있다. 그러므로 유튜브의 단점만 캘 것이 아니라 스스로 기회를 만들 수 있는 플랫폼에 대한 긍정적인 인식의 변화가 필요하다.

처음 유튜브를 시작했을 때 주변의 많은 사람이 "왜?"라고 하며 이해하지 못하겠다는 시선을 보냈다. 우리 가족은 콘텐츠를 만드는 데 재미를 느끼고 나름으로 열심히 하고 있는데 주변 사람들의 시선이 곱지 않았다. 남편의 지인들이 "요즘 뭐해? 왜 요즘 편집실 안 나와?"라고 물었을 때 "유튜브 한번 해 보려고 해"라고 대답하면 그런 걸 왜 하느냐는 반응이 100이면 100이었다. 남편은 "멀쩡하게 광고하는 사람이…" "나름 CF 감독인데…"라는 말도 들어야 했다. 지인뿐 아니라 가까운 가족 역시 마찬가지였다.

그러나 지난 3년간 우리 가족은 묵묵히 한 발 한 발 걸어왔다. 이 모습을 지켜본 주변 사람들은 이제 다른 시선을 보낸다. 우리 가족의 성장과 변화를 가까이서 지켜보며 유튜브에 대해 다른 인식을 갖게 된 것이다.

남편을 뚱한 시선으로 바라봤던 손재주 좋은 남편의 절친은 어느새 유명 크리에이터가 되어 채널을 운영하고 있다. 일반인뿐 아니라 연예인들도 자신만의 채널을 만들어 팬들과 소통하기 시작했다. 방송 출연이 많지 않은 개그맨들도 독자 채널을 운영하며 자신만의 끼와 재능을 발산하고 있다. 이렇듯 유튜브는 많은 사람에게 소통의 창구로, 자신의 재능과 끼를 발산하는 창구로 이용되고 있다. 이런 변화를 통해 유튜브에 대한 시선이 조금씩 변하고 있다는 느낌이 든다.

B급이라는 따가운 시선에서 벗어나 주류 채널을 향해 열심히 나아가고 있는 유튜브. 이제 유튜브는 많은 이들의 평범할 수 있는 일상을 특별하게 만들어주는 매개체가 되었다.

아이의 시선을 따라가 보자
....

Z세대인 아이들에게 유튜브는 더욱 특별하다. 1995년 이후 출생한, 아날로그에 대한 경험 없이 어린 시절부터 일상생활에서 자연스럽게 디지털 기기를 사용한 Z세대는 디지털을 더 빨리, 더 쉽게 받아들인다. 그러다 보니 TV에서 보여주는 방송 프로그램을 소비하기보다 직접 영상을 제작하고 소비하는 크리에이터로서의 잠재력을 가지고 있다.

텍스트가 소비되던 시절을 산 사람들은 블로그 등에 자신의 일상을 기록했지만, 태어나면서부터 영상이 익숙한 Z세대는 유튜브에 영상을 만들어 올리며 자신의 일상을 기록하고 그것을 공유하고 있다. Z세대의 삶은 검색의 패러다임도 바꿔놓았다. 텍스트 위주의 포털 검색에서 동영상 검색으로 변화한 것이다. 10대가 주도하던 이런 변화가 기성세대까지 확대되고 있다.

처음에 기성세대는 주로 음악을 들을 때 유튜브를 이용했다. 한 설문조사에 따르면 국내 최대 음원 플랫폼인 멜론보다도 유튜브를 통해 음악을 듣는 사람이 더 많다고 한다. 하지만 지금은 기성세대도 점점 유튜브를 다른 용도로 활용하고 있다. 방대한 영상 자료에서 자신이 원하는 것을 찾아내 즐긴다.

관심 분야의 영상을 몇 번 검색하고 클릭하면 맞춤형 영상이 이용자의 시선을 사로잡는다. 게다가 로그인하거나 가입해야 하는 다른 플랫폼과 달리 정보가 오픈되어 있다는 것도 유튜브의 강점으로 손꼽힌다. 동영상은 이미 사람들의 삶에 깊숙이 들어와 있고, 그 안에서 유튜브는 가장 강력한 플랫폼이 되고 있다.

이제 아이뿐 아니라 부모 세대 역시 유튜브와 떼려야 뗄 수 없는 시대를 살고 있다. 요리, 화장품, 여행 등의 정보나 취미 외에도 부동산, 정치, 문화, 교육까지 유튜브를 통해 삶의 다양한 부분을 바라볼 수 있게 됐다. 아직도 유튜브가 무의미하고 유해한 비즈니스의 수단일 뿐이라고 생각하는가?

세상은 달라졌다. 아이들이 살아가야 할 세상은 지금과 또 다를 것이다. 그렇기에 부모의 기준과 잣대로 아이들의 미래를 판단하지 말고, 아이들이 하는 이야기에 귀를 기울일 필요가 있다. 그런 의미로 아이들이 유튜브를 왜 좋아하는지에 대해서도 생각해 봐야 한다. 아이들이 좋아하는 데는 분명한 이유가 있다. 멀찍이 거리를 두고 떨어져 유튜브를 바라보기만 하는 게 아니라 한 번쯤 풍덩 빠져 보았으면 한다. 그 안에서 직접 경험해 보지 않는 이상 유튜브 세상을 온전히 이해하는 것이 어렵기 때문이다.

이제 아이들은 타인이 나를 알아보는 것을 두려워하기 보다 즐거워한다. 영상을 통해 타인과 연결된 것을 느끼고, 같은 경험을 공유하고 싶어 한다. 아이의 얼굴이 알려지는 것 때문에 유튜브를 꺼렸다면 이제라도 한번 시작해 보자. 어떻게 시작해야 할지 엄두가 안 난다면 유튜브를 좋아하는 아이의 시선을 따라가면 된다. 아이와 함께 유튜브가 왜 좋은지 이야기를 나눠 보고, 지금 세상이 어떻게 돌아가는지 둘러보자.

세상은 더 빠르게 변할 것이다. 더 빠르게 급변할 디지털 급행열차에 지금이라도 탑승해 보기를 권한다. 문 앞에서 아직도 망설이고 있거나, 아이와 함께 유튜브라는 열차를 타는 게 두렵더라도 긍정의 시선으로 조금만 더 용기를 내길 바란다.

04

유튜브랑 공부 중에
어떤 걸 선택해야 할까요

**누군가의 기준을 만족시키는 삶보다
스스로 기준을 만드는 삶을 응원하자, 사고의 전환**

교육열이 높고 사교육이 발달한 우리나라에서 학업 스트레스를 받지 않고 살아온 사람은 많지 않다. 나 역시 어린 시절 "공부 없는 세상은 언제 오는 거야!"라고 외치며 내 아이들에게 이런 고통을 물려주지 않으리라 다짐했지만, 아이를 낳고 엄마가 되니 어쩔 수 없어졌다. 사교육은 더 심해지면 심해졌지 절대 덜해지지 않았고, 나역시 아이들을 공부시키지 않으면 도태될 것만 같은 두려움에 무엇하나도 포기할 수가 없었다. 내 아이가 시속 120km로 달렸으면 좋겠다는 욕심에 언제나 불안감도 따라다녔다. 나의 이런 불안감을 조금이나마 잠재워준 것이 바로 유튜브다.

섣불리 판단하지 마라

유튜브를 하면서 무엇보다 아이의 미래를 바라보는 내 시선이 달라졌다. 아이들과 함께 유튜브 채널을 운영하지 않았다면 '아이들은 무조건 공부해야 한다'고 생각하는 엄마가 되었을 것이다. 하지만 유튜브를 시작한 후 아이의 특기에 맞춘 미래를 상상하고 아이가 하고 싶어 하는 일들에 관심을 갖게 되었다.

지금은 아이가 공부하고 싶다고 하면 공부를 지원해주고, 영상 만드는 사람이 되고 싶다고 하면 영상을 전공할 수 있게 해주고, 디자이너가 되고 싶다면 디자이너의 길을 응원하고 싶다. 부모의 욕심보다 아이가 하고 싶은 일이 우선순위가 되었고, 그것을 찾아내고 키워줌으로써 최대치의 능력을 발휘하도록 이끌어주고 싶다.

그럼에도 부모의 욕심은 끝이 없는 것인지 유튜브 때문에 공부를 소홀히 한다는 소리는 듣고 싶지 않다. 한 꺼풀 벗겨놓고 바라보면 나도 내 아이가 뒤처질까 봐 남들 못지않게 학원에 보내고, 아이가 노느라 숙제를 하지 않으면 혼내기도 하고, 성적이 좋지 않으면 속이 상해 어쩔 줄 몰라 한다. 이런 내 모습을 보고 있노라면 나 역시 아이가 팔방미인이 되길 바라는 꼰대 부모인가 하는 생각이 든다.

얼마 전 아동 단체에서 유튜브 채널을 막 시작한 초·중·고등학교 크리에이터 30명을 대상으로 강의를 한 적이 있다. 그중 특목고에 다니는 한 학생이 있었는데, 딱 봐도 '저 공부 잘해요'라는 분위기를 풍기고 있었다. 그 친구가 했던 여러 가지 질문 중 하나가 "영상 만드는 게 재밌어요. 그런데 공부를 선택해야 하는지, 영상을 선택해야 하는지 잘 모르겠어요"라는 것이었다.

솔직히 그 순간 말문이 탁 막혔다. 나 역시 이 문제에서는 늘 생각이 갈팡질팡하면서 아이를 키우는 입장이기에 뭐라고 대답해야 할지 입이 쉽게 떨어지지 않아 한참 머뭇거리다 말을 꺼냈다.

"정말 미안한데, 나도 꼰대 엄마이다 보니 둘 중 하나를 선택하라는 말을 섣불리 할 수가 없네. 꼰대 엄마로 이야기할게. 나는 질문한 친구가 공부는 재미없고 정말 하기 싫은데 영상이 너무 재밌으면 유튜브에 올인해 보라고 할 거야. 그런데 공부도 할 만하고 영상도 재밌으면 지금은 공부를 메인으로 생각했으면 좋겠어."

질문한 학생에게 영상은 스트레스를 풀거나 시간 날 때 짬짬이 취미로 하고, 수험생의 신분에서 벗어난 뒤 깊이 들어가도 늦지 않다고 말해주었다. 지금은 열심히 공부하고, 원한다면 대학에서 영상을 전공할 수도 있을 거라고.

그 학생은 내 대답에 아주 살짝 미소를 띠었다. 어쩌면 학생이 원하던 대답은 아니었을 거라는 생각이 들었다. 그 학생은 "너의 꿈을 찾아 앞으로 달려가. 당연 재미있는 일을 해야지. 공부는 인생에서 그리 중요하지 않아. 지금 당장 시작해 봐"라는 말을 듣고 싶지 않았을까. 내가 어린 시절 어른들에게서 그런 말을 듣고 싶어 했던 것처럼 말이다. 그러나 나 역시 아이들이 있는 엄마이다 보니, 학생이 원하는 대답을 알면서도 그 말을 쉽게 해주지 못했다.

그날 이후 많은 생각을 했다. 내가 아무리 유튜브는 새로운 기회이며 아이들을 위한 미래 비전이 될 수 있다고 해도 모든 사람에게 "공부보다는 유튜브가 미래입니다"라고 단정 지어 말할 수 없는 거라고. 누군가에게는 유튜브가 취미일 수 있고, 또 누군가에게는 절대적인 꿈이 될 수도 있다고. 이것을 내가 섣불리 재단하듯 얘기할 수 없다는 생각이 들었다.

다만 확실하게 이야기할 수 있는 한 가지는 부모는 공부에 욕심을 낼지언정 그것만이 최고 교육은 아니라는 사실을 알아야 한다는 것이다. 아이들의 미래는 '공부'만으로 단정 지을 수 없으며, 그것만이 정답은 아니다. 대한민국의 수많은 아이가 학업 스트레스로 우울증을 겪고 스스로 목숨을 끊기도 하는 현실을 볼 때마다 가슴 한구석이 아파 온다.

공부를 강요하는 것 외에도 꼰대 부모는 아이들에게 자기 생각을 강요하고, 자녀들의 이야기를 귀 기울여 듣지 않는다. 변해 가는 세상에 적응하지 못하고 과거에 얽매여 살면서, 앞으로 나아가는 아이들을 이끌어주지 못할망정 그 앞에 부담과 스트레스라는 돌멩이를 가져다놓기도 한다.

'꼰대'임을 인정하라

한번 뒤돌아보자. 아이와 눈을 마주치며 대화하는 부모였는지, 아이에게 잔소리만 늘어놓는 부모였는지…. 아이가 하고 싶은 게 무엇인지 물어본 적 있는 부모였는지, 공부나 열심히 하라고 강요하던 부모였는지…. 힘들어 하는 아이에게 부모인 우리도 힘들다면서 엄살 부리지 말라고 말한 적은 없는지…. "엄마 아빠 때는 말이야"라는 말로 아이의 말문을 막은 적은 없는지….

꼰대 부모가 되지 않는 방법은 간단하고 명확하다. 자신 안에 살고 있는 꼰대를 인정하고, 최대한 꼰대 부모가 되지 않기 위해 노력하는 것이다. 인정은 스스로의 문제를 알고 있다는 뜻이기에 바뀔 만한 여지가 있다.

나 역시 무엇 하나 포기하기 어렵고 욕심 많은 꼰대 엄마다. 하지만 아이들과 함께 유튜브를 하면서 아이들의 세상을 조금이나마 이해하게 되었고, 아이들이 무엇을 하고 싶어 하는지 귀 기울이게 되었다. 잠들어 있는 아이를 보며, 바깥에서 신나게 뛰어노는 아이를 보며 매번 다짐한다. '공부를 잘하지 못해도 괜찮아' '조금 부족해도 괜찮아'라고, 대신 성실하게 행복이라는 가치를 추구하며 살 수 있다면 '지금 이대로도 괜찮아'라고 말이다.

나는 아이들이 스트레스를 받지 않았으면 좋겠다. 공부든 키즈 크리에이터로 활동하는 것이든 모든 일을 즐기듯 했으면 좋겠다.

키즈 크리에이터의 삶도, 학생으로의 삶도 결국 아이의 선택이고 판단이다. 부모는 자신이 바라는 것을 선택하라고 강요하기보다 옆에서 열린 마음으로 지켜봐주어야 한다. 그리고 꼰대 부모가 아니라 친구 같은 부모로 아이들 옆에 있어주어야 한다. 나 역시 여전히 노력 중이다.

05

지금 시작하면
늦지 않을까요

누구나 할 수 있지만 아무나 될 수는 없다, 새로운 시도

요즘은 할머니가 크리에이터가 되고, 한 살 젖먹이가 크리에이터가 되는 시대다. 노래자랑 프로그램에 나와서 손담비의 노래를 부르던 70대 할아버지는 장안의 화제가 된 지 얼마 지나지 않아 크리에이터로 유튜브에 진출했다. 그리고 유튜브 채널을 통해 할아버지의 일상과 노래 부르는 모습이 공개되며 많은 사람의 관심을 끌었다. 다른 70대 할머니는 유튜브의 최고 경영자를 만나고, 세계 여행을 하는 등 유튜브 채널을 통해 나이를 먹어도 삶이 충분히 재미있을 수 있다는 사실을 이야기한다. 이렇게 유튜브의 문은 남녀노소를 가리지 않고 누구에게나 활짝 열려 있다.

시작보다 어려운 살아남기

크리에이터를 꿈꾸는 아이들을 만나 "크리에이터가 되려면 뭐가 필요할까?"라고 물어보면 "말을 잘해야 해요" "호기심이 많아야 해요" "웃겨야 해요" "열정이 있어야 해요"라는 대답이 쏟아진다. 나는 아이들에게 말해준다.

"다 맞는 말이야. 그런 게 있는 사람은 다 크리에이터가 될 수 있어. 이 말은 누구나 다 할 수 있다는 거지."

그렇다. 유튜브는 평등하다. 말을 잘하는 사람도 할 수 있고, 호기심 많은 사람도 할 수 있고, 열정 있는 사람도 할 수 있고, 웃긴 사람도 할 수 있고, 요리를 잘하는 사람도 할 수 있고, 책을 많이 읽는 사람도 할 수 있다. 유튜브를 하기 위해 여러 가지를 잘할 필요도 없고 특별한 자격이 필요한 것도 아니다.

하지만 누구나 할 수 있다고 해서 아무나 크리에이터가 될 수 있을까? 대답은 "NO"다. 나는 키즈 크리에이터에 도전했다가 포기한 수많은 사례를 보았다. 우리 가족이 참여했던 제1회 다이아 키즈 크리에이터 선발대회에 입상한 10팀 중 나름 유의미한 구독자를 보유하고 있는 채널은 극소수다.

게다가 유튜브 플랫폼 시장 자체도 이제 막 유튜브를 시작하는 크리에이터들에게 녹록하지 않다. 최근 유튜브는 동영상 플랫폼의 최강자로 계속되는 성장세를 보이고 있다. 이는 당장 유튜브라는 세상에 뛰어들어야 한다는 의미이기도 하지만, 섣부르게 시작하면 살아남기가 어렵다는 해석 역시 가능하게 한다.

현재 유튜브는 1분마다 400시간의 영상이 업로드되면서 새로운 사회현상이 됐다. 한 달 글로벌 유튜브 이용자 수는 약 20억 명에 달하며, 세계인은 매일 10억 시간을 유튜브 영상 시청에 할애한다. 이 말인즉슨 유튜브가 이미 포화상태일 수도 있다는 것이다. 유튜브의 진입 장벽도 높아졌다. 업로드된 영상 시간과 구독자 수를 일정 기간 유지하지 않으면 수익화시키지 않는다. 이로 인해 많은 사람이 제풀에 지쳐 나가떨어지고, 유튜브는 살아남은 자들의 게임이 된다.

그렇다면 이런 이유들로 유튜브 채널들이 하락세를 보일까? 그건 아니라고 생각한다. 시장은 치열해질 수 있지만, 준비된 무기를 손에 쥔 채널들이 계속해서 유튜브의 문을 두드릴 것이다. 그러다 보면 유튜브의 정책 가이드라인이 조여지면서 한 번 걸러지고, 수준이 높아진 시청자에 의해 두 번 걸러지고, 이렇게 걸러지다 보면 고퀄리티 콘텐츠 중심의 시대가 올 것이다.

그러므로 키즈 크리에이터는 구독자 수나 광고에 집착하는 것이 아니라 고퀄리티의 콘텐츠를 만드는 데 힘써야 한다. 여기서 고퀄리티 콘텐츠는 일반적인 방송 패러다임에서의 고퀄리티를 의미하는 게 아니라 유튜브 플랫폼에 맞춘 고퀄리티 영상을 뜻한다.

유튜브는 일반인이 만드는 가장 높은 수준의 퀄리티를 지향한다. 퀄리티는 단순히 촬영을 잘하고, 편집을 잘하고, 썸네일을 잘 만드는 기술적인 부분으로 만들어지는 것은 아니다. 물론 기본적으로 보는 이들에게 어설프거나 어색한 느낌은 주지 않아야겠지만 중요한 것은 콘텐츠가 가지고 있는 개성과 의미, 진정성이다. 겉보기에 화려하더라도 남들이 다 하는 콘텐츠를 보여주는 채널은 속 빈 강정이나 다름없다. 유튜브 채널은 본인만의 아이덴티티를 가지고 있어야 한다. 일상을 다루더라도, 영상을 보는 사람들이 공감할 수 있어야 한다. 사람들의 관심 끌기에 급급하여 자극적이거나 폭력적으로 만든 콘텐츠는 결국 사람들의 눈살을 찌푸리게 만들 수밖에 없다. 관심이 멀어지는 것은 순간이다.

유튜브가 어떤 방향으로 나아갈지 나 역시 정확히 알 수 없다. 그러나 예전에 30퍼센트의 공력을 썼다면 이제는 더 많은 노력과 시간을 할애해야 한다는 것은 분명하다.

좋은 콘텐츠는 끊임없는 노력을 먹고 산다
··

유튜브에는 일종의 선점 효과가 있다. 먼저 시작하고 꾸준히 해온 채널이 많은 구독자 수와 조회 수를 가진다. 다른 채널보다 월등히 잘나서 그런 게 아니라 다른 사람보다 먼저 시작해 꾸준히 했기 때문이다. 그러므로 유튜브를 하고자 한다면 마루지 말고 빠르게 시작해 볼 것을 추천한다. 아직 준비가 안 됐다고 미루는 사이 많은 이들이 먼저 시작할 것이다. 늦어지는 만큼 뒤처지는 것은 어쩌면 당연하다. 그렇기 때문에 빠른 추진력이 필요하다. 유튜브를 시작할 때 외에 채널 운영에도 추진력은 중요하다. 콘텐츠는 시시각각 변하고 트렌드의 영향도 많이 받는다. 내가 괜찮다고 느끼는 아이템은 남들도 눈여겨 보는 경우가 많다. 그런 순간 먼저 시도할 수 있게 해주는 능력이 바로 추진력이다. 유튜브 채널을 운영할 때 콘텐츠 후발 주자가 되어서는 안 된다.

이런 각오를 다지며 아이와 함께 유튜브를 하겠다고 결정했다면 우선 유튜브에서 활동하고 있는 다양한 채널을 살펴보자. 그들의 구독자 수가 많다고 부러워할 필요도 없고, 그 안에서 살아남을 수 있을까 미리 겁먹을 필요도 없다. 중요한 것은 빨리 시작하되 채널 목표와 운영 계획을 확실히 세우고, 단기전이 아닌 장기전으로 생각하고 움직여야 한다는 점이다. 무엇보다 중요한 것은 자극적인 콘텐츠로 사람들의 시선을 끄는 것이 아니라 내 아이인 키즈 크리에이터와 구독자들에게 양질의 즐거움을 제공할 수 있는 콘텐츠를 만들 수 있느냐 하는 것이다.

이렇게 새로움으로 중무장하고 모든 준비를 마친 뒤 유튜브 세상에 뛰어든다면 충분히 승산이 있다. 빠르게 변하는 디지털 시대인 만큼 유튜브를 소비하는 시청 층은 항상 새로운 것에 관심을 갖는다. 물론 충성도가 높은 구독자도 존재하지만 익숙한 얼굴보다 새로운 얼굴을 궁금해하는 것이 어쩔 수 없는 사람 마음이다. 그렇기 때문에 신선함이라는 무기를 가진 새로운 키즈 크리에이터 채널은 기존의 채널을 위협할 수도 있다.

나는 경쟁이 나쁘다고 생각하지 않는다. 지금 살아남은 유명한 채널들이 앞으로도 계속되고 승승장구할 거라는 생각은 금물이다. 키즈 크리에이터 채널들은 더 좋은 콘텐츠를 만들기 위해 선의의 경쟁을 하면서 시너지 효과를 내야 한다.

그러기 위해 기존의 채널들은 끊임없이 고민하고 노력해야 한다. 그래야 키즈 크리에이터 채널이 좋은 방향으로 발전하고, 그 규모가 커져야 더 큰 영향력을 발휘할 수 있을 것이다.

유튜브를 처음 시작했을 때 우리는 '누구나'였다. 남편과 나는 나름 기획력과 편집 기술을 가지고 있다고 자부했지만 키즈 크리에이터의 세계와 유튜브의 생태계를 제대로 알지 못했다. 일 년 동안 시행착오를 겪었고, 안정 단계까지 가는 데 3년의 시간이 걸렸다. 그때 우리 가족은 유튜브 플랫폼의 속성을 이해하는 일부터 양질의 콘텐츠를 만드는 것, 구독자와 소통하는 법 등 다양한 노력을 해왔다. 깨지고 부딪혀 가며 한 걸음 한 걸음 성장했다. 그 결과 '누구나'가 아닌 '간니닌니 다이어리'로 자리 잡을 수 있었다.

시작 단계에서는 언제나 두려움이 따른다. 과연 잘해낼 수 있을까 하는 걱정. 특히 아이들과 함께하는 경우 잘못되었을 때 그 영향이 자녀에게 미치지 않을까 걱정할 수밖에 없다. 그러나 시작하지 않으면 아무것도 이룰 수 없다. 더욱이 혼자 가는 길이 아니라 가족이 함께 가는 길이라면 서로 응원과 위로, 의지의 말을 건넬 수 있으니 한번 시도해 보기 바란다.

그 과정에서 아이에게 새로운 것에 대한 도전이 얼마나 즐거운 일인지 느끼게 해줄 수 있다. 물론 결과가 좋을 수만은 없지만, 시도하는 과정 안에서 아이는 새로운 일을 하는 것에 대한 두려움을 극복해 나갈 수 있다. 이런 경험은 아이가 미래의 또 다른 도전 앞에 섰을 때 큰 도움이 될 것이다. 그러니 걱정과 두려움은 걷어내고, 가족과 함께할 수 있을 때 유튜브라는 바다를 향한 항해를 시작해 보자.

이름 :

키즈크리에이터가 된 이후

정말 많은 것이

달라졌어요 ~

친	구	들	도		많	아	지	고
하	고		싶	은	것	이		
많	아	졌	어	요	.			

이름 :

그동안 해보지 못했던

새로운 경험을 많이 해서

너무 좋아요!

이름 :

오	늘		하	루	도		
신	났	고		내	일	이	
또		기	대	가		돼	요	.

PART 2

"
키즈 크리에이터는 특별한 아이들만 할 수 있다"는 고정관념은 버리자.

끼가 있고 없고의 차이는 있을 수 있지만,

끼가 없어도 아이만의 개성을 살린 콘텐츠를 개발하면 된다.

오히려 유튜브는 '평범'하다고 여겼던 아이를

'특별'한 아이로 만들어줄 수 있다.
"

유튜브라는
신세계에 눈뜨다

아이디어, 열정, 끈기 삼박자가 필요해

01

간니닌니 다이어리의 탄생

우리는 주말 부모였다. 주말에만 아이들과 함께 시간을 보내는 '주말' 부모. 평일에는 회사 일에 치여 야근은 기본이고, 밤을 새느라 집에 들어오지 못하는 날도 많았다. 아이를 깨워 씻기고 아침을 먹여 유치원, 학교에 보내는 것은 함께 사는 조선족 이모님의 몫이었다.

그러다 보니 집에 돌아온 아이들을 반기는 것도 엄마와 아빠가 아니었다. 그때는 직장에서 자리를 잡고 성과를 내는 것, 다른 사람들로부터 인정받는 게 중요하다고 생각했다. 그래서 일하고 있을 때는 아이들이나 집안일을 잊어야만 했다.

다른 사람들은 가족을 위해 일한다고 말하는데, 그 당시 나는 직장에서의 성과와 가정을 지키는 것이 다른 범주의 일처럼 느껴졌다. 나와 남편은 아이들이 꿈나라에 갔을 때에야 집으로 돌아와 잠든 아이들의 얼굴을 들여다보고 그대로 침대에 쓰러져 다음 날을 맞이하곤 했다.

남편의 암투병이 가져온 가치관의 변화

이런 일상이 이어지던 어느 날, 정기적으로 받던 건강검진에서 남편이 갑상선암 진단을 받았다. '거북이암'이라고 불리는 그나마 착한 암이었기에 큰 걱정하지 않고 빨리 제거하기로 한 뒤 수술 날짜를 잡았다. 그러나 수술 몇 시간 전 의사 선생님이 우리 부부를 불러 "이거 단순한 암이 아닌 것 같아요"라고 말했다. 하늘이 무너진다는 식상한 표현이 현실로 다가오는 순간이었다.

두 시간이면 끝난다고 했던 수술은 일고여덟 시간이 지나고 나서야 끝났다. 걱정하실까 봐 양가 부모님께 말씀도 드리지 않고 나 홀로 찾은 병원이었다. 수술실 앞에서 혼자 남편을 기다리는 동안 하염없이 눈물을 흘렸다.

'왜 나한테 이런 일이 일어난 거지? 혹시라도, 혹시라도 남편이 잘못되면 두 아이를 나 혼자 키울 수 있을까? 아니, 자꾸 나쁜 생각

하지 말자. 다 잘될 거야. 모두!'

수술실에서 나와 병실 침대에 누워 있는 남편을 보고 있노라니 정말 오만 가지 생각이 머리를 스치고 지나갔다. 그동안 일이 중요하다고 생각하며 살아왔지만 죽음 앞에서, 가족을 잃을 수도 있는 상황 앞에서 '일'은 너무나 사소한 것이 되어버렸다. 이렇게 인생이 끝난다면 그 무엇이 소용 있겠는가.

그 순간 가까이에 있지만 마음의 우선순위에서 밀렸던 남편과 아이들이 눈에 들어오기 시작했다. 일 때문에 병들어 있던 사람은 남편만이 아니었다. 엄마 아빠의 바쁜 삶으로 방치되었던 아이들도 조금씩 마음의 병을 앓고 있었다.

특히 간니는 그 아픔이 외부로 나타났다. 어렸을 적 간니가 자꾸만 눈을 찡긋거려 안과에 데리고 갔는데, 단순히 눈병이라고 생각했던 증상은 놀랍게도 틱이었다. 처음에는 간니에게 틱이 발생했다는 사실을 믿을 수도, 인정할 수도 없었다. '왜 우리 간니에게 이런 일이 일어난 걸까? 도대체 우리 아이는 무엇이 문제였던 걸까?'라며 원망하는 마음이 컸다. 그 후 틱과 관련된 자료들을 찾아 읽었는데, 나중에서야 아이의 문제가 아니라는 사실을 인정하게 됐다.

아이가 아닌 부모의 문제였다. 부모가 아이를 감싸주지 않았거나 부담을 줬거나 새로운 환경에서의 대처 방법이 어색했다거나 하는 문제들이 틱을 일어나게 했던 것이다. 지금은 다 나았기에 '그땐 그

랬지'라고 이야기할 수 있지만, 30초에 한 번씩 눈을 찡긋거리던 그때의 간니를 생각하면 아직도 마음이 아프다.

아이들과의 일상을 그림일기로 기록하다

몇 가지 큰일을 겪으면서 나에게 일보다 더 중요한 인생 과제가 생겼다. 하나는 남편이 완치 판정을 받도록 옆에서 최선을 다하는 것이었고, 다른 하나는 간니 닌니 곁에서 함께하는 부모가 되는 것이었다. 일을 바로 그만둘 수 있는 상황이 아니어서 조금씩 변하기 위해 노력했다.

처음 시도한 것은 그림일기였다. 그림 실력이 남다른 남편에게 아이들의 모습을 그림으로 남기자고 제안했다. 아이들과 함께 시간을 보내면서 기억하고 싶은 순간을 늘려 나가는 것. 남편의 몸과 마음이 치유될 수 있는 방법 중 하나라고 생각했다.

"당신 그림 잘 그리니까 한번 해 봐. 당신이나 내가 이 세상에 없을 때 우리 애들한테 뭘 남겨줄 수 있을까 계속 생각하게 되더라고. 우리 기록은 사진밖에 없잖아. 일상을 그림일기로 남기면 당신이 직접 그렸다는 남다른 의미도 있고 남기고 싶은 말을 글로 담아낼 수 있어 좋을 것 같은데, 어때?"

남편은 뜬금포 같은 내 말에 살짝 당황하는 눈치였다. 광고일밖에 모르던 사람에게 왜 갑자기 그림이냐고 했지만, 남편의 그림 솜씨는 나 혼자 알기에 아까운 수준이었다. 이상형에 전혀 부합하지 않던 남편에게 반했던 포인트도 그가 그린 그림이었다. 그림으로 사랑하는 아이들과의 일상을 담아낸다면 우리 가족 모두에게 큰 선물이 될 거라고 생각했다. 처음에는 그냥 사진을 찍어주면 되지 무슨 그림일 기냐고 버티던 남편도 어느새 아이들의 모습을 하나하나 그리기 시작했다. 그렇게 해서 우리 가족의 일상은 글과 그림으로 엮인 한 편의 동화가 되었고, 한 권의 책이 되었다.

특별하지 않았던 첫 시작

비슷한 시기에, CJ E&M 다이아TV에서 '제1회 다이아 키즈 크리에이터 선발대회'를 연다는 광고를 보게 되었다. 이미 우리 가족의 그림일기가 책으로 나온 상황이었기에, 그 내용을 바탕으로 영상을 만들면 좋겠다는 생각이 들었다.

영상을 만들고자 했던 첫 의도는 가족의 성취감이었다. 그림일기는 아이들의 이야기를 담아냈지만 남편의 역할이 컸다. 관찰하고 그리는 역할이 모두 남편의 몫이었기 때문이다. 그러나 영상은 아이들과 내가 함께할 수 있는 일이 더 많을 것 같고, 무엇보다 가족이 함께 무엇인가를 이룬다는 성취감이 더 커질 것이라고 믿었다. 어렵게 생각하지 말고 우리 가족이 함께할 수 있는 일을 시작한다는 의미로 접근해 보자고 마음먹었다.

얼마 후 첫 가족회의. 거창한 회의가 아니라 함께 식사하면서 아이들에게 키즈 크리에이터에 대해 물어보는 자리였다. 처음 이야기하는 것이기 때문에 큰 기대는 없었다. 단순히 아이들에게 키즈 크리에이터에 대해 설명하고 생각을 들어 보자는 마음이었다. 그런데 가족회의 분위기는 기대 이상이었다. 늘 어딘가 모르게 썰렁했던 식사 자리에 활기가 넘쳤다.

"애들아, 허팝이나 캐리와 장난감 친구들 같은 유튜브 채널 들어본 적 있어? 유튜브에 아주 많은 채널이 있는 건 알고 있지? 가흔이랑 리흔이는 유튜브에서 우리 가족 채널을 만들면 어떨 것 같아?"

"재미있을 것 같아. 우리도 유튜브 채널 만들면 좋겠어."

평소 소극적이고 조용한 간니여서 반응이 궁금했는데, 아이의 답은 내 생각을 뒤엎었다. 조금의 머뭇거림도 없이 바로 나온 간니의 대답에 깜짝 놀라 진심인지 몇 번이나 확인했다. 사실 간니가 하고 싶다고 대답했던 이유는 굉장히 단순했다. 키즈 크리에이터가 되면 장난감이 많이 생길지도 모른다는 호기심! 천진난만한 어린아이 같은 생각이었다.

"슬픈 얘기지만 나중에 엄마 아빠가 하늘나라 가서 서로 못 보게 되었을 때 앞으로 찍을 영상을 보면서 엄마 아빠를 떠올릴 수 있을 거야."

솔직히 아이들은 아직 나이가 어려 추억을 남긴다는 사실에 대해서는 크게 관심이 없었다. 그저 순수하게 엄마 아빠와 평소보다 더 많이 놀 수 있다는 사실에 기뻐했다. 부모인 나와 남편 입장에서는 시시각각 달라지는 아이들의 모습을 영상으로 남길 수 있다는 게 큰 의미로 다가왔다. 지금도 아이를 낳은 후배를 만나면 사진이든 영상이든 아이의 모습을 매일매일 남겨두라고 얘기한다. 하루하루 달라지는 아이들의 얼굴을 머리카락이 희끗한 할머니가 되어서도 볼 수 있다면 그만한 행복이 어디 있을까!

이제 와서 생각하면 유튜브는 아이들도 아이들이지만, 부모인 우리에게 더 많은 도움이 되었다. 아이들을 이해하고 아이들과 시간을 보내는 방법을 알려주었던 것이다. 아이들과의 진짜 소통도 유튜브를 경험하며 비로소 시작되었다. 그리고 가장 큰 소득은 아이들이 부모와 함께하는 모든 시간을 진심으로 좋아하게 되었다는 사실이다. 지금도 늘 생각한다. 그때 유튜브를 시작하지 않았다면 우리 가족은 지금 어떤 모습일까? 물론 이런 생각의 결론은 언제나 "유튜브 하길 정말 잘했어"로 끝이 난다.

02

채널의 첫인상,
채널명 정하기

　본격적으로 유튜브 채널을 운영해 보겠다고 결정한 후, 첫 고민은 채널 이름을 정하는 것이었다. 사실 아이가 출연하는 대부분의(사실상 100%에 가깝다) 유튜브 채널에서는 부모의 역할이 중요하다. 주도적으로 채널을 운영하는 것은 부모의 몫이다. 그래서 우리도 채널명을 정하는 등 초기 작업은 엄마 아빠를 중심으로 이뤄졌고, 아이들에게는 의견을 묻거나 조언을 구하는 정도였다. 유튜브를 잘 보지 않는 엄마와 아빠였기에 많은 공부가 필요했다. 가벼운 마음으로 시작했지만 일회성으로 끝날 일이 아니었기 때문에 초기 채널의 방향성을 정하는 일에 특히 신중하게 접근했다.

누군가를 처음 만났을 때, 그 사람의 인상을 좌우하는 게 이름과 외모가 아닐까 한다. 평범한 이름보다는 특이한 이름이 좀 더 기억에 남고, 개성 넘치고 특색 있는 외모가 사람들의 시선을 끌곤 한다. 그래서 사람들은 단순히 아름답고 예쁘고 잘생긴 얼굴보다는 그 사람의 성격과 성향을 잘 드러내 보여주는 모습에 매력을 느낀다. 유튜브 채널 역시 마찬가지다. 채널명은 사람으로 따지면 첫인상을 좌우하는 요소인 셈이다.

이런 이유로 채널명은 오랫동안 들어도 질리지 않고 무엇보다 우리 가족을 대변할 수 있는 것이어야 했다. 당시 유튜브 채널 전문가, 유명 유튜버들의 조언에 따르면 '채널명은 특이해야 한다' '라임이 예뻐야 한다' '길어서는 안 된다' '발음하기 좋아야 한다' 등의 원칙이 있었다. 단순히 예쁜 단어로 채널명을 정하는 것도 주의해야 했다. 예를 들어 민트나 초코 등의 단어를 검색하면 수백 개가 넘는 결과가 나온다. 이렇게 남들이 많이 사용하는 단어로 만든 이름을 가지고 있으면 사람들에게 채널을 각인시키는 일이 몇 배나 어려워진다.

우리 가족도 이런 원칙과 주의점을 생각하며 머리를 싸매고 고민해 봤으나, 오히려 머리만 더 아파질 뿐 딱 '이거야!' 하는 채널명이 생각나지 않았다. 그러다 남편의 한 마디가 내 무릎을 탁 치게 만들었다.

"너무 심각하게 고민하지 말고, 평소 우리가 아이들을 부르던 대로 이름을 정하면 안 될까?"

우리가 간과하고 있던 사실은 바로 진정성! 평소 우리는 첫째 딸 가흔이를 간니로, 둘째 딸 리흔이를 닌니로 부르곤 했다. 둘째 리흔이가 발음이 잘 안 되는 꼬마였을 때 자기 언니를 "가흐니 간니"라고 부르고, 자기 자신을 "니흐니 닌니가"라고 지칭하곤 했다. 그것이 자연스럽게 애칭이 된 것이다. '간니' '닌니'라는 이름은 흔히 쓰는 표현도 아니고 익숙한 발음도 아니다. 그렇기에 우리 가족만의 정체성을 담으면서 특이한 이름이라는 조건에도 잘 맞는 채널명이 될 수 있다고 생각했다.

이렇게 해서 탄생한 채널명이 '간니닌니 다이어리'다. 발음하기가 쉽지 않고 처음 들었을 때는 무슨 뜻인지 잘 알 수 없다는 단점이 있긴 했지만, 우리가 꾸준히 불러주고 사람들이 꾸준히 불러준다면 꽃이 될 거라는 믿음이 있었다. 채널이 인지도를 얻게 되면 사람들에게 채널명도 익숙해질 것이기 때문이다. 게다가 간니와 닌니는 지금까지 우리가 애정으로 불러온 이름이었으니 다른 이들에게도 애정을 받을 수 있을 것 같았다. 유튜브 채널 '간니닌니 다이어리'는 이렇게 우리 가족의 역사를 품은 채 애정을 바탕으로 탄생했다.

03
맨땅에
헤딩하기

선발대회에 올릴 첫 번째 영상을 찍기 전 나와 남편은 엄청난 고민에 빠졌다. 사실 유튜브를 많이 보지 않았던 우리를 멘토링해줄 사람이 없었다. 가이드도 없었다. 당시에는 언박싱이 대세였기 때문에 그 흐름을 따라가야 하는지 고민이 됐다. 사실 뚝심 있게 밀고 나갈 때는 여장부 같지만 나름 팔랑귀인 까닭에 주변에서 하는 이야기들을 듣고 끊임없이 남편에게 "이거 해 볼까?" "저거 해 보자"라고 말했다. 다행히 남편이 영상에 있어서만큼은 굉장히 뚝심이 있었다. 그러다 보니 타협이 없었다.

"우리 애들한테 언박싱은 맞지 않아. 그건 말을 정말 잘하는 친구들이 하는 거라고. 또 애들은 오랫동안 가만히 못 있어. 그래서 애들을 오랫동안 의자에 앉혀놓고 뭘 한다는 건 절대 쉬운 일이 아니야."

가족의 영상 일기 시작

칼같이 언박싱을 거절당하고 어떤 주제로 영상을 찍어야 할지 고민하고 있을 때 남편이 말했다.

"일상은 어때? 그냥 아이들의 일상을 기록으로 남기는 거야. 남들이 이미 하고 있는 것을 따라가기보다 우리가 하고 싶은 것을 하자. 처음 의도도 아이들의 일상을 기록하는 거였잖아. 아직까지 일상을 다루는 채널이 없기도 하고."

이렇게 고민 끝에 완성된 결과물이 햄버거 먹는 영상이었다. 햄버거를 먹는 영상을 찍자고 해서 가게에 들어간 것도 아니었다. 그냥 배가 고파서 지나가는 길에 들른 곳이 햄버거 가게였다. 마침 햄버거 속 모차렐라를 쭉 늘리는 모 배우의 CF가 전국을 강타할 때였다. 그래서 우리도 모차렐라 치즈버거를 시키고 "치즈나 한번 늘려볼까"하며 가족이 함께 즐거워하는 순간을 남기자는 마음으로 첫 영상을 찍었다. 떨어지면 추억으로 간직하자는 마음이었는데, 제1회 다이아TV 키즈 크리에이터 1기 10팀 중 한 팀으로 선정되었다.

구독자 수 늘리기

순수하게 우리 힘으로 시작한 유튜브 채널의 서막이 오르며 맨땅에 헤딩하기도 본격화되었다. 모든 시작이 미약하듯, 우리의 시작도 굉장히 미약했다.

지금 돌아보면 어떻게 유튜브를 시작했을까 싶을 정도로 아이들은 낯가림이 심했다. 선발대회 시상식 때 상을 받으러 나가면서도 아빠의 양쪽 다리를 부여잡고 매달려 가듯 단상에 올랐다. 대강당도 아니었고 조그마한 소회의실, 또래와 오빠 언니들 사이에서 말 한마디 하지 못하고 잔뜩 움츠려 있던 아이들이었다. 이렇게 수줍음 많고 낯가림 심한 아이들과 함께 만드는 유튜브 채널이라니….

어쩌면 당연한 결과로, 구독자 수가 전혀 늘지 않았다. 첫 번째 경연 영상을 올리고 두 달이 지난 2016년 2월에 두 번째 영상을 업로드했다. 업로드와 동시에 구독자 수가 하늘을 찌를 것처럼 늘어날 거라고 생각하지는 않았지만, 이건 해도 해도 너무한 숫자였다. 두번째 영상을 올린 후 남편은 아무리 바빠도, 심지어 아플 때도 매일매일 영상을 올렸다. 자기 일도 하면서 그처럼 성실하게 한다는 게 쉬운 일은 아니었다. 하지만 두 달이 지났는데도 구독자 수는 25명. 그 25명도 지인 찬스였다.

영업직에 종사하는 사람들의 심정을 이토록 온전히 이해한 적이 있었을까 싶었다. 친구에게 연락해 "우리 애들이 하는 채널인데 구독 한번 해주지 않겠니"라고 부탁했고, 부모님과 친척들에게도 구독을 부탁했다. 그럼에도 25명이었다. 아무리 크리에이터가 고독한 길이라고 해도 이건 너무하는 것 아닌가 싶은 심정이었다. 자존심에 스크래치가 나고 오기도 생겼다.

회사에서는 말을 아끼고 있었는데, 답답한 마음에 동료들과 후배들에게도 도움을 요청하게 되었다. 그렇게까지 해야 하나 싶을 수도 있겠지만, 유튜버에게 '구독자 수'는 포기할 수 없는 가장 중요한 요소다. 가족의 영상 일기라는 마음으로 시작했지만, 조금 더 진지하게 생각해 보니 유튜브 채널이 부모가 아이들에게 남겨줄 수 있는 미래의 꿈보험이 될 수 있을 것 같았다. 우리 가족만 볼 거라면 외장하드에 간직하면 되지만, 유튜브라는 채널을 통해 공유하기로 마음먹은 이상 구독자 수를 늘리는 일은 꼭 필요한 과정이었다.

다양한 노력으로 구독자 수는 25명에서 50명이 되고, 100명이 되었다. 이 과정을 겪으며 1,000명이라는 숫자가 정말 어렵고 힘들다는 사실을 또 한 번 깨달았다. 그래도 실망하거나 포기하고 싶지는 않았다. 이 과정조차 한편으로는 즐거웠다. 아이들과 대화하는 시간이 늘고, 함께 고민하는 시간이 소중하게 느껴졌다. 소소한 선물을 주는 이벤트도 진행하면서 서로를 다독이며 채널을 유지해 나갔다. 그리고 6개월이 지났을 때쯤 구독자 수는 9,000명이 되었다.

유튜브 채널 운영 전략, 버티기

유튜브를 시작하는 사람들에게 가장 해주고 싶은 이야기 중 하나가 바로 '버티는 힘'이다. 유튜브를 운영하려면 지구력이 있어야 한다.

간니닌니 다이어리는 시작하고 약 3년간 매일 영상을 업로드했다. 매일 영상을 올리는 것은 엄청난 노력을 필요로 한다. 개인 시간 없이 영상 편집을 해준 남편의 희생이 뒤따랐기에 가능한 일이었다. 영상이 많이 업로드되어 있다면 일주일에 3~4개 정도의 영상만 올려도 크게 걱정할 필요가 없다. 하지만 운영 초기라면 매일 영상 올리는 것을 추천한다.

운영하는 채널에 정기적으로 콘텐츠가 업로드되고 구독자들과 소통이 있어야 추천 영상으로 연결될 확률도 높아진다. 채널의 안정성과 재미가 보장되면 구독자 수도 늘어난다. 이것이 어렵다면 최소 일주일에 3개 정도의 영상을 꾸준히 업로드하고, 혹시라도 영상을 올리지 못하는 불가피한 상황이라면 미리 공지를 해주는 것이 좋다. 영상을 꾸준히 올리는 것만큼 중요한 것이 구독자와의 소통이기 때문이다. 매일 댓글 관리도 해야 한다. 구독자와 소통하면서 지속적으로 악플 관리를 하면 채널의 분위기를 긍정적으로 유지할 수 있다.

영상을 올리는 주기, 독자와의 소통, 댓글 관리만큼 중요한 다른 하나가 촬영이다. 편집한 영상을 꾸준히 올리는 것이 구독자 숫자와 관련된 부분이라면 촬영은 키즈 크리에이터가 일상생활에 있어 방해를 최소한으로 받으면서 긴 호흡으로 채널을 유지할 수 있느냐와 연결된다.

우리 가족은 정말 어쩔 수 없는 경우가 아니라면 주말에만 촬영한다는 원칙을 세웠다. 일주일 동안 업로드할 영상을 모두 주말에 촬영하기로 정했다. 그것도 온종일이 아니라 3~4시간. 솔직히 3~4시간의 촬영으로 6일 분량의 영상을 만드는 것이 쉬운 일은 아니다. 하지만 그것은 엄마 아빠의 몫이고 역할이라고 생각한다. 짧은 시간의 촬영으로 아이디어를 뽑아내고, 콘셉트를 잡아 편집하고, 부족한 부분은 내레이션으로 보완한다. 키즈 크리에이터 이전에 학생과 어린이로서의 온전한 일상을 지켜주고 싶은 마음이 컸다.

영상의 조회 수나 채널의 인기를 위해 아이의 의견과 상관없는 콘텐츠를 제작하고, 매일 촬영하는 것은 장기적으로 봤을 때 아이의 정서적 성장을 방해하는 일이라고 생각한다. 피로도 가중되고 육체적·정서적으로 아이에게 괴로운 일이 된다. 이런 상황을 만들지 않고 아이의 일상 생활과 키즈 크리에이터의 역할적 균형을 만들어주는 것 또한 부모의 역할이다. 부모가 제대로 이런 역할을 해주어야만 아이들이 스트레스를 받지 않고 유튜브 채널을 지속적으로 운영해 나갈 수 있다. 무엇 보다 우선되어야 하는 것은 아이가 즐거워하는 것임을 잊으면 안 된다.

함께하겠다는 부모의 의지가 필요해

키즈 크리에이터라고 해서 아이 혼자서 1인 미디어를 다루는 것이 아니다. 현재 대부분의 키즈 크리에이터 채널은 부모가 적극적으로 나서서 운영하고 있다. 아이들이 유튜브를 하고 싶다고 했을 때 부모가 그냥 뒷짐 지고 "한번 해 봐"라고 말할 게 아니라 함께 해주어야 한다. 아이가 하고 싶어 한다고 아이에게만 맡겨버리면 채널은 방향성을 잃고 흔들릴 수밖에 없다.

아이들은 단순히 조회 수나 구독자 한 명 한 명 느는 것에 신경 쓰고, 그 결과에만 열광한다. 친구들에게 자랑할 거리가 생긴다는 사실에 신나서 콘텐츠의 질은 신경 쓰지 않는다. 아무 때나 아무 영상이나 올리는 단순 영상 저장소로 유튜브를 활용하는 사람도 있지만, 크리에이터를 꿈꾸는 아이에게 유튜브는 외장하드가 아니다.

좋은 방향으로 간다면 괜찮지만 숫자 경쟁이 붙기 시작하면 이상한 콘텐츠를 할 가능성도 있다. 자극적이고 이상한 음식을 먹는다거나 위험한 놀이를 할 수도 있다. 그러면 영상뿐 아니라 아이의 일상 자체가 이상한 방향으로 틀어질 수 있다.

전문 채널로 운영해 가겠다는 꿈을 가졌다면 채널 운영에 부모가 반드시 함께해야 한다. 유튜브 채널을 운영하는 일로 아이들이 스트레스를 받아서는 안 된다. 매일 영상을 올려야 하는 것으로 스트레스를 받아야 한다면 아이가 아닌 부모가 받아야 한다. 아이들이 촬영으로 스트레스를 받지 않게 만드는 것도 부모가 할 일이다.

아이들에게 키즈 크리에이터라는 이름이 주어졌더라도 아직 성인이 되지 않은 어린아이와 학생, 청소년이다. 아이는 아이라는 사실을 잊지 않았으면 좋겠다. 그들이 기본적으로 누려야 하는 일상을 키즈 크리에이터라는 명목이 침범하지 않았으면 좋겠다. 이를 위해 부모는 가장 강력한 아이들의 동반자가 되어주어야 하고, 보호막이 되어주어야 하며, 보완재가 되어주어야 한다.

04

영상 문법을
버리다

남편과 나는 영상 문법에 익숙한 사람들이다. 나는 영상 콘텐츠 마케팅 전문가이고, 남편은 CF 감독이다. 때문에 우리는 항상 '기획'을 하려고 했으며, 영상에서 '기승전결'을 만들어내려고 했다. 물론 초기 기획은 '아이들은 무엇을 좋아할까'에서 시작되었다.

"간니 닌니랑 무얼 해야지 아이들도 재밌고, 보는 친구들도 즐거워할까?"

남편과 내가 머리를 꽁꽁 싸맨 채 심혈에 심혈을 기울여 처음으로 내놓았던 아이디어는 심리 테스트였다. 우정에 대한 테스트나 연애 심리에 대한 내용을 해 보면 어떨까 하는 생각에 아동 관련 심리

책까지 구입해 열심히 공부하는 열과 성을 보였다. '간니닌니의 심리 테스트!!'라니, 얼마나 재미있고 좋은 콘셉트냐고 하면서 남편은 편집에 큰 공을 들였다.

드디어 영상 공개의 순간! 수많은 댓글과 쭉쭉 올라가는 구독자수를 기대했다. 그러나 반응은 고요 그 자체였다. 추천도 없고, 댓글도 미지근한 느낌이었다. 이런 일이 몇 번 반복되자 고민에 빠질 수밖에 없었다. "왜 반응이 없을까?" 그러나 쉽게 답을 찾지 못했다.

간니가 쏘아 올린 작은 공

얼마 후 간니와 함께 몸에 줄을 달고 점프하는 놀이기구(사실 지금도 정확한 명칭은 모른다)를 타러 갔다. 집 근처에 있는 놀이기구였는데 간니가 타 보고 싶다고 했다. '뭘 저런 걸 타려고 하지. 그냥 통통 튀어 오르기만 하는 게 무슨 재미가 있을까?'라고 생각했지만 아이가 타고 싶다고 해서 허락한 뒤 옆에서 그 모습을 지켜봤다.

간니가 너무 즐거워하는 모습을 보니 자연스럽게 영상을 찍게 되었다. 따로 카메라를 준비한 것도 아니어서 남편의 핸드폰으로 놀이기구 타는 간니의 모습을 담았다. 일부러 말을 시키거나 하지 않아서 대사도 "악!" "엄마!"밖에 없었다. 멘트 역시 "제가 이걸 한번 타

보겠습니다!"가 전부였다. 그리고 그 영상은 내 기억에서 지워졌다.

그러던 어느 날 소재 고갈, 편집본 고갈로 핸드폰을 뒤지다가 그 영상을 다시 보게 되었다. 어쩔 수 없이 조회 수를 포기하자는 생각으로 영상을 단독 편집해 업로드했다. 그런데 이게 웬일!! 그 영상이 조회 수 80만을 찍은 것이다.

사전에 기획한 영상도 아니고 힘을 뺀 채 정말 간단하게 편집해서 올린 영상이었다. 기승전결이라고는 찾아볼 수 없는 영상이었다. 하지만 사람들은 이 영상을 보며 함께 웃고 즐거워했다. 조회 수가 잘 나왔음에도 남편이 시무룩해했던 영상은 이게 처음이었을 것이다. 남편은 "도대체 왜?"라고 외치며 살짝 우울해했지만, 머지않아 우리 두 사람은 큰 깨달음을 얻었다.

부모가 모르는 아이들의 세상

영상 인생 어언 20년인 남편은 본인이 기획하고 어깨에 힘을 주어 만든 영상은 반응이 없고, '이게 과연 괜찮을까?' 걱정했던 영상에 사람들이 열광하자 큰 충격을 받았다. 그러나 이것이 우리가 모르던 유튜브였고, 우리가 모르던 아이들의 세상이었다.

잘 만든 영상을 보고 싶다면 TV를 보거나 영화관에 가서 영화를 보면 된다. 유튜브를 본다는 것은 잘 만든 영상을 보고 싶은 게 아니라 함께 소통하고 싶은 것이다. 공감하고 싶은 것이다. '나도 해 봤어요.' '재밌어 보여요. 나도 해 보고 싶어요.' 이런 마음이 유튜브를 통해 하나의 이야기를 완성시킨다.

그리고 또 하나! 아이들이 함께 소통하고 공감하고 싶은 것은 어른이 생각하는 것과 다를 수 있다는 사실이다. '이런 걸 좋아하지 않을까'라며 미루어 짐작하는 것이 얼마나 무의미한 일인지….

사실 10분 남짓한 시간에서 영상 미학은 크게 중요하지 않았다. 기-승-전-결이 아니라 전-전-전-결 또는 기-기-기-결로 끝나면 어떠랴! 우리는 이미 충분히 괜찮다는, 오히려 반응이 더 좋다는 것을 경험했다.

그래서 영상 문법의 틀을 깨고 접근하기로 했다. 영상 문법을 고민할 시간에 아이들이 진짜 좋아하는 게 무엇인지 더 열심히 찾았다. 어쩌면 영상미를 만들어내고, 프로페셔널하게 편집하는 것보다 그걸 찾는 일이 더 어려웠다.

이런 과정을 경험하며 아이들의 세계에 빠져들고, 아이들을 이해한다는 게 얼마나 어려운 일인지 알게 됐다. 더불어 얼마나 중요하고 절대 놓치면 안 되는 일인지도 깨달았다. 그때부터 영상에서 힘을 빼기 시작했다. '기승전결, 문법 따위는 개나 줘버려'라는 심정으로 말이다.

장인은 연장 탓을 하지 않는다

．．．．．．．．．．．．．．．．．．．．．．．．．．．．．

장비만 해도 그렇다. 유튜브를 시작하려고 하면 으레 하는 고민이 있다. "카메라는 뭘 사지? 캠코더 비디오를 사야 하나, DSLR을 사야 하나?" "마이크 장비도 있어야 목소리가 깔끔하게 녹음되겠지?" 등 등. 우리도 크게 다르지 않았다. 그래도 영상을 업으로 하는 사람인데 깔끔하게 촬영해야 한다는 압박이 두 어깨를 무겁게 짓눌렀다.

결국 집을 스튜디오처럼 만들기로 했다. 카메라는 남편이 사용하는 게 있으니까 일단 아이들 앞에 놓아둘 촬영용 테이블이 필요했다. 지인이 운영하는 문구점에서 아크릴판을 주문해 모서리가 둥근 촬영 테이블을 만들었다. 그리고 뒤에 조명과 배경지를 설치했는데, 너무 커서 이동하고 설치하는 데만 20분이 걸렸다. 조명도 전문가용으로 준비했는데, 전문가용 조명은 전기선도 엄청나서 전기선을 정리하는 데 또 수분이 걸렸다.

게다가 명색이 촬영인데 아이들을 꽃단장 시켜야 할 것 같아서 옷을 챙겨 입히고 머리를 해주고 나면 촬영하기도 전에 남편과 나, 아이들 모두 지쳐버렸다. 평일에는 일하고 주말에만 촬영하는데, 준비만으로도 한 시간 이상이 걸리니 촬영 전 녹초가 되는 게 당연했다. 과연 이렇게 하는 것이 맞는 길인지 고민에 빠졌지만, 처음에는 촬영하려면 이 정도는 해야 한다고 생각했다.

그러던 어느 날 아이들의 실수로 조명 판이 찢어지고 남편이 이동하다가 잘못해 지지대가 부러졌다. 다시 사기가 너무 아까워서 에라 모르겠다는 심정으로 거추장스러웠던 것들을 다 치우고 촬영을 시작했다. 오히려 세팅된 것들이 사라지니 영상이 한결 자연스러워졌다.

촬영한다고 집을 치울 여력이 안 되어 주방이나 거실이 그대로 영상에 노출되었는데, 구독자들이 이런 모습에 일종의 동질감을 느끼면서 공감대가 형성되기 시작했다. 어느 날은 주방, 어느 날은 거실, 어느 날은 아이들의 방. 집안 곳곳이 공개되면서 '아, 사람 사는 건 다 똑같구나' '거기서 거기네'라는 생각이 들어서인지 간니 닌니를 더 친근하게 바라봐주었다. 아이들 역시 편하고 자연스러운 촬영을 하니 좋아했다.

최고의 촬영 장비는 핸드폰

결국 촬영 장비도 극도로 간소화시켰다. 카메라 욕심이 많은 CF 감독인지라 초반에는 비싼 DSLR을 사용하고, 렌즈도 엄청 크고 좋은 걸 썼다. 하지만 DSLR은 데이터 뽑기가 힘들다. DSLR에서 추출한 데이터는 편집용으로 다시 파일 변환도 해야 했다. 그러다 보니 간편하게 할 수 있는 편집이 시간도 오래 걸리고 그 과정도 번거로

왔다. 촬영과 편집 일정에 힘들어 하던 남편도 안 되겠는지, 점점 욕심을 버리고 핸드폰으로 촬영하기 시작했다. 그런데 핸드폰으로 촬영한 영상도 조회 수가 꽤 높게 나오면서 비싼 장비빨이 그리 큰 영향력을 미치지 않는다는 깨달음을 얻었다.

군이 장비에 힘을 안 써도 된다는 깨달음을 얻은 뒤 지금은 95%의 영상을 핸드폰으로 촬영한다. 배경을 집중적으로 촬영할 경우에만 캠코더를 사용하고, 이동이 많고 걷거나 뛰어서 핸드폰으로 촬영하는 게 어려울 때만 짐벌 카메라를 사용한다. 짐벌 카메라의 경우 움직임에 따라 렌즈가 같이 움직이며 수평을 맞춰주기 때문에 움직이는 촬영을 할 때 좋은데, 이마저도 가끔 무겁게 느껴질 때가 있다.

간니닌니 다이어리의 경우 엄마인 나의 내레이션도 하나의 트레이드마크인데, 녹음 역시 핸드폰으로 한다. 남편이 편집한 영상을 보여주면 그것에 맞춰 핸드폰으로 내레이션을 녹음해 다시 남편에게 보내준다. 다른 크리에이터들은 핸드폰에 마이크를 부착해 사용하는 경우가 많은데, 우리는 그것조차 거추장스럽게 느껴져 패스! 주변이 너무 시끄러운 경우가 아니라면 가급적 마이크를 사용하지 않는다.

물론 콘텐츠의 성향에 따라 다르겠지만 우리처럼 일상을 다루는 경우라면 장비가 크게 중요하지 않다. 고급 장비를 구비하기보다는 자신의 채널에 맞는 장비를 마련하고, 촬영은 최대한 간편하게 하길 권한다. 촬영이 편해야 아이들도 편하게 놀 수 있다.

고정관념과 선입견을 버려야 한다

모든 면에서 완벽한 장비가 유튜브 채널 운영의 필수 조건은 아니다. 핸드폰 하나만 있어도 충분히 시작할 수 있다. 어떤 사람은 우리 부부의 경력을 보고 "직업이 그래서 아이들과 함께 유튜브 채널을 만들고 운영하는 일이 가능한 것 아니냐"라고 말한다. 하지만 그것은 고정관념과 선입견에 불과하다.

물론 편집 기술이 있다는 것은 진입 과정에서 일부 도움이 되긴 했지만, 오히려 우리의 성장을 방해하기도 했다. 모르면 모르는 대로 꿋꿋하게 우리의 길을 걸어가면 되는데, 영상 문법에 휘둘려 유튜브라는 채널을 온전히 이해하지 못하고 먼 길을 돌아왔다. 장비의 힘을 덜어내고, 영상 문법에서 자유로워지면서 아이들의 이야기에 좀더 귀를 기울일 수 있었다. 이렇게 해서 우리의 유튜브 채널은 조금씩 변하기 시작했다. 그리고 우리의 이런 변화는 구독자 수의 증가라는 결과로 돌아왔다.

05

아무도 알아주지
않았던 일상 영상의 힘

우리 가족의 영상은 소소한 일상을 담고 있다. 집에서 철판 아이스크림을 만든다거나 슬라임을 가지고 노는 모습을 담기도 한다. 닌니의 유치원에서 하는 가족 요리 자랑이 소재가 되기도 한다. 수영 강습을 받는 것도, 미용실에 가서 머리를 하는 것도, 감기에 걸려 콜록콜록하는 모습도 모두 영상이 된다. 지극히 평범한 두 여자아이의 일상에 왜 사람들은 관심을 가지는 것일까?

지금이야 연인, 부부, 가족 간의 일상을 보여주는 채널이 많아졌지만, 우리가 처음 유튜브를 시작했을 때만 해도 일상을 다루는 채널이 거의 없었다. 아마도 간니닌니 다이어리가 최초의 일상 채널이 아닐까 싶다. 당시만 해도 대부분의 키즈 크리에이터 채널은 언박싱을 다루거나 게임, 실험 또는 교육적 콘텐츠를 다루었다.

소소한 일상으로 만든 공감대

일상을 다루기로 결정하고 사실 조바심이 났다. 사람들이 과연 아이들의 일상을 좋아해줄까 하는 걱정이 있었다. 하지만 내 걱정이 무색하게 아이들의 일상은 채널을 보는 사람들의 마음을 움직였다. 아이들의 소소한 일상이 "아! 우리도 저런대!"라는 공감을 끌어낸 것이다. 그리고 '나도 해 보고 싶어' '나도 가 보고 싶어'라는 마음을 갖게 해주었다.

구독자가 많지 않았을 때였다. 제주도가 고향이다 보니 아이들과 함께 방문할 때가 종종 있는데, 어느 날 학교 앞 작은 문방구가 보여 '문방구 탐험'을 하며 그 모습을 영상으로 찍었다. 문방구 여기저기를 구경하고, 100원짜리 뽑기를 1,000원어치 하기도 했다.

이 영상이 올라가자 사람들은 꽝이 나오면 서운해하고, 경품으로 사탕 하나 받으면 수줍게 기뻐하고 스티커라도 받으면 뛸 듯이 기뻐하는 아이들의 모습을 좋아해주었다. 간니 닌니 또래의 아이들은 공감했고, 어른들은 어린 시절의 추억을 떠올렸다.

사실 문방구는 하굣길 어린아이들의 발걸음을 사로잡는 마력을 지닌 곳이 아닌가. 문방구를 그냥 지나칠 수 있는 아이가 과연 몇 명이나 될까. 엄마에게 혼날 걸 뻔히 알면서도 포기할 수 없는 불량식품과 적은 돈으로 손에 넣을 수 있는 장난감이 가득한 아이들만의 비밀 장소 같은 곳. 나 역시 어른이 된 지금도 문방구에 가면 어린 시절로 돌아간 것 같은 기분에 마음이 설렌다. 문방구도, 일상이라는 것도 그런 게 아닐까. 모두에게 익숙하고 친숙한 것, 그래서 함께 웃을 수 있고 즐거워할 수 있는 것.

더 신기한 일은 그로부터 반 년 후에 일어났다. 제주도에 가서 그 문방구를 다시 찾았는데 70대 주인 할머니가 내 손을 덥석 잡더니 "아이고, 간니 닌니 왔어"라고 하시는 게 아닌가. 할머니에게는 '간니 닌니'라는 단어가 어려울 수도 있는데, 너무 정확하게 "간니 닌니, 너무 고마워"라고 말씀하셨다. 뭔가 가슴속에서 찡한 것이 올라오는 느낌이었다.

할머니는 사이다를 따라주며 이야기를 계속하셨다. 언제부턴가 문방구에 오는 아이들이 "할머니! 여기 간니 닌니 왔었죠?"라고 묻기 시작했다는 것이다. "잉? 누구?" "간니 닌니요. 유튜브에서 유명해요." 간니 닌니는커녕 유튜브가 뭔지도 몰랐던 할머니는 그저 어리둥절하셨다고.

그런데 시간이 좀 더 흐르자 전국 각지에서 제주도로 여행 온 가족들이 찾아오기 시작했다는 것이다. 조그만 아이들이 엄마 아빠의 손을 잡고 와서 간니 닌니가 했던 것처럼 뽑기를 하고 간다고 했다. 할머니는 여행하는 사람들이 이 작은 문방구를 찾아오는 것이 굉장히 신기한 일이었다며 웃으셨다.

일상을 공유함으로써 우리의 추억을 간직한 장소가 또 다른 누군가의 추억이 되었다. 머리 하얀 할머니의 인자한 웃음을 함께 추억하는 사람이 많아진다는 것이 기쁘고 또 기뻤다. 이렇듯 특별할 것 없는 하루하루가 특별해지는 것이 일상을 담은 영상이 가진 힘이다.

또 다른 공감 코드 '체험'
······························

일상 영상을 찍다 보니 자연스럽게 체험으로 연결됐다. 남편과 나는 평일에 아이들과 있는 시간이 거의 없다 보니 주말만이라도 아이들과 함께 시간을 보내려고 노력했다. 아이들에 대한 죄책감을 덜기 위함도 있었고 아이들과 최대한 많은 경험을 해 보고 싶다는 바람도 있었다. 주말농장에 가서 텃밭을 가꿔 본다거나, 목장에 가서 동물을 직접 만져 본다거나 등등. 유튜브 채널을 운영하면서 우리의 주말 일상은 '체험'이라는 코드로 사람들 속에 녹아들기 시작했다.

제주도에 갔을 때 아이들과 '유리의 성'을 방문한 적이 있다. 그냥 아이들과 함께하는 여행이었다. 여행지에서 사진을 찍는 것처럼 우리는 아이들의 모습을 영상에 담았다. 구경하다 유리 목걸이를 만드는 체험이 있어 호기심 대마왕 간니 닌니가 출동했다. 물론 촬영 영상을 유튜브에 올릴 생각이 있었지만, 그렇다고 해서 촬영이 우선인 체험은 아니었다. 방송을 위한 멘트도 없이 묵묵히 유리 목걸이를 만드는 일에 온 신경을 집중했다. 이 모습을 사람들이 재미있어 할까 싶었는데, 신기하게도 조회 수가 꽤 높게 나왔다. 누군가는 자기도 직접 만들어 보고 싶다고 했고, 또 다른 누군가는 그곳에 가서 만들어 봤다는 댓글을 남겼다.

사람들은 간니 닌니가 무언가를 만들고 경험하고 체험하는 것에 반응했다. 간니 닌니 또래의 많은 아이가 부모와 함께 무언가를 체험하러 다니는 게 쉬운 일이 아니기에 우리 영상을 보며 즐거워하는 듯하다.

우리 역시 유튜브를 시작하기 전에 아이들과 밖으로 돌아다니기 위해 많이 노력했지만, 말처럼 쉬운 일은 아니었다. 우선 평일에는 직장에서 바쁘게 일하느라 주말만큼은 그저 쉬고 싶었다. 이것이 비단 우리 집만의 모습일까? 아마 흔하디흔한 대한민국 가정의 주말 모습일 것이다. 아이들이 부모의 다리를 붙잡고 놀러 가자고 조르면 부모는 "아빠 좀 자자" "엄마 TV 좀 보면 안 될까?"라면서 아이들을 달래는 모습.

그러나 유튜브 채널을 운영하면서 주말에 아이들과 함께할 일을 찾아다니는 것은 확실한 목표 의식을 갖게 해주었고, '이번 주에는 애들과 무얼 해 볼까?'라는 생각을 하게 만들어주었다. 몸이 피곤하지 않다고 하면 거짓말이지만, 엄마 아빠와 함께 시간을 보내며 즐거워하는 아이들을 보면 힘이 불끈불끈 솟곤 했다. 더욱이 아이들의 모습을 보고, 함께 이야기를 나누고 좋아해주는 사람들이 있어 더 흥이 나기도 했다.

홍대에 놀러 갔을 때 핸드폰 케이스를 만드는 체험 카페를 방문한 적이 있다. 아이들이 핸드폰 케이스를 사고 싶어 했는데, 직접 만들어 보는 것도 좋지 않을까 하는 생각이 들었다. 자신이 직접 만든, 세상에서 하나밖에 없는 디자인이라니! 예상외로 간니의 손재주가 좋아서 깜짝 놀랐다. 어린 닌니는 내 도움을 받아야 했지만, 내가 고슴도치 엄마라서 그런지는 몰라도 너무 잘 만드는 것이 아닌가. 두 딸이 금손 아빠를 닮은 게 천만다행이라고 생각하며 안도의 한숨을 내쉬었다. 더불어 그동안 모르던 아이의 모습을 또 하나 발견한 것 같아서 기분이 좋았다.

그리고 체험 영상을 올리고 나면 그것이 다른 채널 또는 다른 사람들의 일상에서 하나의 유행이 되곤 했다. 체험 영상을 올리자 다른 채널에서도 핸드폰 케이스 DIY를 콘셉트로 영상을 업로드했고, 그것은 방송을 보는 사람들의 일상에도 자연스럽게 스며들었다.

위로와 즐거움을 주는 기쁨

체험 영상을 올리면서 가장 뿌듯했던 순간을 꼽으라고 한다면 인사동 공방의 사장님들에게 감사 인사를 받은 것이다. 그날도 어김없이 인사동으로 놀러 나간 우리 가족은 그곳에서 할 수 있는 대부분의 체험을 다했다.

솔직히 어느 순간에는 촬영과 일상의 경계가 무너지곤 한다. 영상 콘텐츠를 만들기 위한 촬영이 아니라 그냥 아이들의 모습을 카메라에 담고, 영상을 유튜브에 올릴 뿐이다. 가족 나들이를 나온 사람들처럼 길거리 음식을 사 먹고, 눈에 띄는 가게에 들어가 구경하면서 그 시간을 온전히 즐겼다.

그날 간니 닌니가 선택한 체험은 스트링아트. 나무판에 못을 박아 밑그림을 그리고, 그 못들을 실로 연결해 작품을 만드는 것이었다. 주말인데도 매장이 텅 비어서 간니 닌니는 맘 놓고 사장님의 특별 지도를 받으며 작품을 만들어 나갔다. 그 장면을 업로드했는데, 반응이 좋았다. "나도 한번 해 보고 싶다"라는 댓글이 많이 올라왔다. 얼마 후 지인에게 그 공방이 사람들로 엄청 붐비고 있다는 연락을 받았다. 처음에는 '그게 왜?' 싶었는데 많은 사람이 '간니닌니 다이어리'를 보고 왔다고 이야기했다는 것이다.

다른 체험 공방들에서도 우리가 방문한 후 비슷한 일이 일어났다.

간니닌니 다이어리를 보고 찾아온 사람들로 인해 공방을 운영하는 사장님들이 많은 힘을 얻었다는 고마운 소식을 전해들었다. 그 이야기를 듣고 아이들을 찍은 짧은 영상이 누군가에게 좋은 영향력을 줬다는 사실에 큰 기쁨을 느꼈다.

일상과 체험을 통해 아이들이 무엇을 좋아하는지 알게 되었고, 그걸 보고 함께하고 싶어 하는 아이가 얼마나 많은지도 알게 되었다. 그리고 우리 영상의 조그마한 날갯짓이 어쩌면 누군가에는 위로가 되고, 누군가의 일상에는 큰 즐거움이 될 수 있다는 사실도 알았다. 다른 사람들에게 위로와 즐거움을 주는 일은 아이들의 삶에도 긍정적인 영향을 미쳤다. 자연스럽게 책임감과 자부심이 아이들의 마음에 자라났다. 유튜브 채널이라는 날갯짓이 우리 아이들에게 좋은 영향력으로 돌아온 셈이다. 그 모습을 바라보고 있으면 이렇게 기쁜 일이 또 있을까 싶다.

06

버려야 할 것과
지켜야 할 것

아이들과 함께 봤던 뮤지컬 〈위키드〉에 이런 노래 가사가 나온다.

"뭔가가 달라졌어. 내 안에 무언가. 이젠 의미 없어. 남들이 정한 규칙들. 난 깨어나버렸어. 돌아가긴 늦었어. 내 직감을 따를래. 눈을 꼭 감고. 날아올라 중력을 벗어나 하늘 높이 날개를 펼 거야. 날 막을 순 없어."

아이들과 이 뮤지컬을 3번이나 봤는데, 우리가 흔히 알고 있는 〈오즈의 마법사〉를 비틀었다는 점이 참 좋았다. 〈오즈의 마법사〉에서 도로시는 착하고 용기 있는 소녀로, 서쪽 마녀는 추악한 악으로 그려진다. 하지만 〈위키드〉는 그 이면에 우리가 모르는 다른 이야기가 있을 수 있다면서 '서쪽 마녀'를 주인공으로 내세웠다. 나는 종종 아이들에게 이런 이야기를 하곤 한다. "너희 〈위키드〉 봤잖아. 그것처럼 비틀어서 생각을 다르게 해 봐"라고.

고정관념과 강박을 내려놓자

유튜브를 시작할 때도 비틀어 생각하는 것이 중요하다. 그래야 고정관념과 강박을 내려놓을 수 있다. 그중에서도 '유튜브'가 아이들에게 해악을 끼친다는 고정관념을 가장 먼저 버려야 한다.

유튜브는 기회의 땅이자 미래 비전이 될 수 있다. "나는 촬영 기술도 없고, 편집 기술도 없어요"라고 말하는 사람이 있다면 배우면 된다. 배운다고 해서 학원에 다닐 필요도, 머리를 싸매고 고시 공부하듯 할 필요도 없다. 촬영 기술은 자꾸 하다 보면 는다. 유튜브 채널은 영화나 TV 프로그램을 만드는 것과 같은 전문적인 촬영 기술을 요구하지 않는다. 편집도 편집 프로그램에 대한 기초적인 지식은 필요하지만, 이 역시 시간을 투자하면 누구든 할 수 있다. 또한 구독자의 마음을 움직이는 것은 화려한 촬영, 편집 기술이 아니라 콘텐츠다.

"키즈 크리에이터는 특별한 아이들만 할 수 있다"는 고정관념도 불필요하다. 필수조건이 아니기 때문이다. 어쩌면 평범한 아이와 특별한 아이를 나누는 것 자체가 고정관념이 아닐까 생각한다. 끼가 있고 없고의 차이는 있을 수 있지만, 끼가 없어도 아이만의 개성을 살린 콘텐츠를 개발하면 된다. 오히려 유튜브는 '평범하다'고 여겼던 아이를 '특별한' 아이로 만들어줄 수 있다.

이렇게 말하면 일부 사람은 "그러면 아무나 해도 되나?"라며 유튜브 채널 운영을 너무 쉽게 생각한다. 하지만 이 또한 잘못된 생각이다. 유튜브 채널은 누구나 운영할 수 있지만 모두가 의미 있는 결과를 얻는 것은 아니다. 정말 치열하게 콘텐츠에 대해 고민하고, 댓글 관리를 하고, 전략적인 편성 운영을 하지 않으면 절대 성공할 수 없다. 그렇기 때문에 고정관념을 버리고 아이와 함께 유튜브 채널을 시작하기로 했다면 뒤따르는 부분에 대한 강박도 버려야 한다.

유튜브 채널은 일희일비하게 되는 전쟁터다. 전쟁터에서 계속 '좋은 반응을 얻어야만 해' '구독자 수를 빨리 늘려야 해' '매번 조회 수가 높아야 해'라는 강박에 사로잡힌다면? 금방 지친다. 유튜브 채널의 운영은 장기전이다. 하루 이틀에 결과를 확인하고 끝낼 수 있는 싸움이 아니기 때문이다.

유튜브를 운영하다 보면 '조회 수가 잘 나올 줄 알았는데, 별로네'라는 생각이 들 때가 종종 있다. 게다가 우리는 조회 수가 잘 안 나오는데, 다른 채널은 승승장구한다면? 인정할 수 있는 콘텐츠면 상관없다. 하지만 '우리보다 나을 게 없는데, 도대체 왜 인기가 좋은 거야'라는 생각이 든다면? 사실 배가 아픈 것보다도 우리가 무엇이 부족했을까 하는 고민과 걱정을 늘 하게 된다. 실제로 여유를 잃고 자꾸 다른 방향성을 찾다가 처음에 생각했던 채널의 원칙을 깨는 경우도 생긴다. 그러면 채널은 이미 원래의 모습을 잃어버리게 된다. 어떤 콘텐츠가 반응이 잘 나올지 안 나올지는 아무도 모른다. 따라서 강박을 버리고 스트레스를 줄이면서 채널을 운영하려는 노력이 필요하다.

채널 아이덴티티와 철학을 세워라

특히 키즈 크리에이터 채널은 어른의 기준으로 접근하면 안 된다.
"미루어 짐작하지 말고, 선불리 판단하지 말라."
유튜브 채널을 운영하며 철칙처럼 생각하는 말이다. 우리는 영상을 찍으면 버리는 게 별로 없다. 찍으면서 '이건 별로 재미가 없는데'라고 생각한 것들도 다 녹여내고 살린다. 아무리 재미가 없어도 그것은 어른인 엄마 아빠의 눈높이일 뿐이다. 아이들과 구독자들로부터 어떤 반응을 얻을지 아무도 예측할 수 없기 때문이다.
1인 미디어가 급변하는 유행의 흐름을 타는 플랫폼이라고 해도 절대 변하지 않아야 하는 것이 있다. 유튜브를 처음 시작했을 때의 채널 아이덴티티와 철학이다. 지금 당장 하고 싶은 것에 몰입하지 않고 장기적으로 채널을 이끌고 나갈 수 있는 영상 소재를 선택하는 게 중요한 이유도 그것이 채널 아이덴티티를 결정하기 때문이다.

우리 가족이 정한 아이덴티티는 '일상'과 '체험'이었다. 그 안에서 굉장히 많은 것이 파생되어 '간니닌니와 놀아요' '간니닌니와 게임해요' '간니닌니가 상황극을 만들어요' '간니닌니가 배워요' '간니닌니가 탐험해요' 등 여러 주제의 콘텐츠가 나올 수 있었다. 영상을 업로드하기 전에는 항상 '이것이 우리 아이덴티티와 맞을까'라는 생각을 해야 한다.

채널이 어느 정도 인지도를 얻고 나니 협찬이 하나둘 들어오기 시작했다. 하지만 간니닌니 다이어리의 경우 자연스러운 일상 일기로 시작한 채널이어서 협찬 제의가 들어왔을 때 솔직히 혼란스러운 부분이 있었다. 그때마다 채널의 아이덴티티를 생각했다. 그런 뒤 채널의 아이덴티티를 해치지 않는 선에서 협찬 제의를 수락하기도 했다. 반면 아니라는 생각이 들면 과감하게 거절했다.

협찬이 들어왔을 때 우리만의 가이드도 만들었다. 간니 닌니가 일상에서 자연스럽게 소화 가능한 아이템이어야 하며, 가급적 아이들이 브랜드를 직접적으로 연호하기보다 자막 또는 엄마의 멘트나 내레이션으로 대체했다. 협찬 제의를 수락할 때도 부모가 결정하는 것이 아니라 아이들과 반드시 상의해 우리가 납득할 수 있고, 간니 닌니가 괜찮아 하고, 구독자들이 이해할 수 있는 접점을 찾기 위해 늘 고민하고 노력한다.

라이브 방송을 반대하는 이유

우리 채널의 철학에는 아이들이 어릴 때는 '라이브 방송을 하지 않는다'는 원칙도 있다. 최근 유튜브에서도 13세 미만의 어린이가 혼자 진행하는 실시간 라이브 방송을 금지했다. 이 부분만큼은 유튜브 방침에 절대적으로 공감한다. 아이들은 아이들이다. 미디어에 익숙해졌다고 해도 아직 정제되지 않은 언어를 사용한다. 요즘 프로 방송인도 말 한 마디 잘못해 사회에서 매장당하는 세상인데, 아이들에게는 얼마나 큰 위험이 도사리고 있을지 두렵다.

실제 아이들이 라이브 방송에 나와서 할 수 있는 말은 많지 않다. 실시간으로 올라오는 대화를 읽고 소통하며 "구독해주세요" "좋아요 눌러주세요" 정도다. 이때 실시간으로 올라오는 대화가 문제가 되는 경우가 많다. 이상한 닉네임으로 대화를 한다거나 특별히 문제될 게 없는 글을 올리다가 마지막에 이상한 단어를 써서 그것을 아이들의 입에서 나오게 하는 일이 종종 있다. 라이브 방송에 적응하지 못한 아이들이 별다른 생각 없이 이런 단어들을 읽으면서 사고가 발생한다.

이는 방송사고로 끝나지 않고 키즈 크리에이터에게도 정신적·심리적 충격을 안겨줄 수 있다. 키즈 크리에이터들과 실시간으로 소통하고 싶어 하는 구독자들의 마음은 이해하지만 긍정적인 측면보다는 부정적이고 위험한 부분이 많은 것도 사실이다.

이런 이유로 우리는 니블마마라는 별도의 채널을 운영하고 있다. 아이들의 채널에서 하기 어려운 말이나 비하인드 스토리를 담아 간니닌니 다이어리 채널을 보완하고 있다. 니블마마 채널에서만 유일하게 라이브 방송을 하는데, 가끔 간니 닌니가 등장해 짧게 인사만 하고 사라진다. 이때도 슈퍼챗 기능(아프리카 TV의 별풍선처럼 시청자가 금액을 후원하는 기능)은 절대 설정해놓지 않는다. 간니닌니 다이어리와 니블마마의 구독자 가운데는 어린 친구가 많다. 아이들의 코 묻은 돈을 직접 받아 그것을 사적 이익으로 취하고 싶지는 않다. 더욱이 키즈 크리에이터로 활동하고 있는 우리 아이들에게 교육적이지 않다고 생각한다.

섬네일에도 철학이 필요해

섬네일은 영상에서 주제가 되는 장면과 제목을 담은 조그만 이미지다. 유튜브에서 채널을 검색했을 때, 시각적으로 가장 먼저 사람들의 이목을 집중시키는 문패 같은 역할을 한다. 다른 요소보다 이미지를 보고 클릭하는 경우가 많다 보니 섬네일은 매우 중요하다. 사람들의 눈길을 끌어야만 하기 때문이다.

일반적으로 포토샵을 활용해 작업하는데, 최근에는 섬네일 툴을 만들 수 있는 사이트도 있다. 무료인 경우에는 기본적 폼만 만들 수 있지만 일정 금액을 지급하고 유료로 사용할 경우 다양한 이미지나 폰트, 폼을 활용해 섬네일을 만들 수 있다.

섬네일을 만들 때 채널의 운영 원칙과 방향성을 담아내는 것이 중요하다. 솔직히 말해 "어떤 섬네일이 사람들의 시선을 *끄느냐*"라고 묻는다면 나 역시 "자극적인 섬네일입니다"라고 대답할 것이다. "자극적인 섬네일을 만드나요"라고 다시 묻는다면 내 대답은 "NO"이다.

호기심을 자극하는 제목과 함께 악의적으로 아이가 우는 장면이나 피가 흥건한 장면 등을 섬네일로 만들면 조회 수는 올라간다. 하지만 우리 채널의 운영 방침과는 맞지 않다. 조회 수만 높고 사람들이 그 내용을 좋아하지 않는다면 그게 무슨 의미가 있을까? 조회 수는 높은데 악성 댓글이 많이 달렸다면…. 아무리 조회 수가 높아도 우리 영상이 그런 콘텐츠가 되기를 바라지 않는다. 때문에 자극적인 섬네일은 지양한다.

키즈 크리에이터들은 이미 양분화된 상황이다. 소소하게 시작해 나름의 철학을 가지고 스펙트럼을 넓혀 가는 채널이 있는 반면, 비즈니스적인 측면에서 접근하는 채널도 있다. 무엇이 더 좋고, 무엇이 더 나쁘다고 말할 수는 없다.

또한 유튜브 채널을 운영하다 보면 돈의 유혹에 빠지는 일이 종종 생긴다. 그리고 구독자 수를 늘리는 것에 대한 유혹도 심심찮게 찾아온다. 유튜브 채널을 운영하는 이상 거절이 쉽지는 않겠지만, 그럴 때면 채널의 아이덴티티와 철학을 다시 한 번 생각해 보자.

★

07

아이디어로 시작하고
공감으로 마무리한다

사람들은 묻곤 한다. "어떻게 그렇게 되셨어요?" 그러면 답한다. "뭘 할까 끊임없이 생각하고, 생각을 바로 실행에 옮기고, 꾸준히 하는 방법밖에 없어요." 또 다른 사람들은 말한다. "긴니닌니 다이어리가 워너비예요. 간니닌니 다이어리처럼 되고 싶어요." 그럼 또 대답한다. "간니 닌니처럼 되는 게 아니라 구체적으로 할 수 있는 무언가가 필요해요."

유튜브 채널을 운영하려면 자신이 뭘 하고 싶은지, 꾸준히 할 수 있는 게 무엇인지를 생각해야 한다. 사실 유튜브 채널 운영은 심심풀이로 한번 해 보고, 아니면 말고 이런 마음으로 할 수 있는 것이 아니다. 다들 시작할 때 어느 정도의 구독자 수를 확보하고 인지도와 영향력을 갖는 것을 목표로 삼는다. 그렇다면 중간에 멈춰버릴 아이디어가 아니라 꾸준히 할 수 있는 소재가 필요하다.

아이디어를 얻는 방법

우선 가장 가까이에 있는 것, 어렵지 않은 것, 이미 내가 하고 있거나 관심이 있는 것을 선택하는 게 좋다. 예를 들어 반려견을 키운다면 '강아지'를 소재로 삼는 것이 좋다. 이 경우 강아지 미용, 강아지의 먹거리, 강아지와의 산책까지 스펙트럼이 무궁무진하게 넓어질 수 있다. 게다가 최근에는 강아지를 위한 TV 프로그램도 있고, 강아지한테 책을 읽어주는 프로그램까지 있어 강아지를 위한 책 만드는 콘텐츠도 생각해 볼 수 있다.

여행을 좋아한다면, 그것에서 파생된 다양한 콘텐츠를 만들 수 있다. 여행지에서의 모습을 보여줄 수도 있지만, 여행지에 관한 정보, 여행할 때 필요한 물건들, 쇼핑 리스트까지 여행이라는 키워드와 관련된 모든 것이 콘텐츠가 될 수 있다. 종이접기가 취미라면 그것으로 영상을 만들면 되고, 먹는 걸 좋아한다면 먹방이나 맛집을 아이템으로 잡을 수도 있다. 아이를 키우는 엄마가 육아 스토리를 그대로 콘텐츠로 담기도 한다.

아이디어를 얻는 가장 좋은 방법은 자신과 주변이고, 그다음은 유튜브나 인터넷 등 뉴미디어 플랫폼이다. 유튜브 안에 있는 정보량은 방대하고, 그것이 전파되는 속도 역시 대단히 빠르다. 물론 그 양이 너무 많아서 진짜 정보와 가짜 정보가 혼재하고 있다는 단점은 있지만, 그것을 가려낼 수 있는 개개인의 노력과 정책적인 방침이 있다면 충분히 긍정적인 방향으로 발전할 수 있다. 그러므로 초심자라면 다양한 유튜브 채널을 통해 톡톡 튀는 아이디어를 찾아내는 것도 하나의 방법이다.

아이디어를 구체화시켰다면, 그다음은 열정이라는 실행력이 뒤따라야 한다. 사실 디지털 시대일수록 유행은 빠르게 변하고 트렌드 역시 급변한다. 선점하지 않으면 누군가가 먼저 그 아이템을 콘텐츠화할 수 있다.

결국 성공하는 유튜브 채널은 얼마나 트렌드를 선도할 수 있느냐에 달려 있다고 생각한다. 아이디어가 있다면 그것을 자신 안에만 꽁꽁 숨겨둘 게 아니라 지금 바로 영상으로 옮기는 시도를 해야 한다. '아직은 촬영 기술이 미흡하고, 편집도 제대로 할 줄 모르는데 좀 더 배우고 나서 해야 하지 않을까'와 같은 걱정과 고정관념에 휩싸여 시간을 허비한다면, 그사이에 누군가가 그 아이템을 콘셉트로 잡아 촬영하고 있을지도 모른다.

모든 것의 시작은 공감이다

TV와 다른 유튜브의 매력은 일반인도 얼마든지 콘텐츠를 만들수 있다는 점이다. 그래서인지 유튜브에서는 '공감'이 매우 중요하다. 앞서 이야기했지만, 촬영 장비를 모두 거둬내고 나니 우리 집이 적나라하게 보이기 시작했다. 다른 채널들은 앵글이 잡히는 곳은 그래도 청소를 한다고 하는데, 나는 우리의 살아가는 모습이 구독자들과 별반 다르지 않다는 것을 보여주고 싶었다.

피아노 위에 쌓여 있는 책과 잡동사니, 네 사람이 밥 먹는 공간을 빼고 잡다한 물건이 빼곡하게 올라가 있는 식탁, 거실 소파에 널브러져 있는 아이들의 장난감 등등. 구독자들이 원하는 것은 스튜디오같은 공간이 아니라 간니 닌니의 자연스러운 모습이었다.

아이들도 공감을 불러일으킨다. 간니 닌니는 끼가 많은 아이들이 아니다. 그리고 키즈 크리에이터로 활동하고 있다고 해서 특별한 일상을 누리는 것도 아니다. 다른 아이들과 똑같이 학교에 가고, 학원에 가고, 숙제하지 않는다고 엄마에게 잔소리를 듣고, 친구들과 노는 걸 세상에서 가장 좋아하는 평범하고 평범한 요즘 시대의 아이들이다. 자신들의 용돈을 모아서 마음에 드는 모자를 사고 "엄마, 나 토끼먹이 주러 가고 싶어요"라고 이야기하는….

유튜브 채널을 운영하며 좀 더 많은 기회가 찾아온 것은 맞지만,

간니 닌니가 하는 체험은 꼭 키즈 크리에이터가 아니더라도 일상에서 조금만 부지런하고 욕심을 낸다면 충분히 경험할 수 있는 것들이다. 나는 아이들이 간니 닌니를 보며 그런 생각을 하길 바란다. "나도 간니 닌니랑 다르지 않아. 저거 나도 충분히 할 수 있는 거잖아"라고 말이다. 간니 닌니는 아이들과 소통하며 가이드를 제공하는 것뿐이다. 수평적인 관계에서 친구처럼 소통하는 것이지 수직적인 관계 또는 부러움의 대상이 아니다.

우리 채널을 통해 또래 아이들이 같은 관심사를 가진 친구를 사귀는 마음이 들었으면 좋겠다. 아이들의 언어를 이해하고 공감할 수 있는 존재는 또래이기 때문이다. 그래서 아이들에게 공감을 얻는 것이 무엇보다 중요하다. 자녀들과 함께 영상을 보는 부모도 간니 닌니를 통해 자녀들의 생각과 놀이에 공감할 수 있게 된다. 아이들만 좋아하는 콘텐츠는 오래 갈 수 없다. 부모도 함께 즐길 수 있어야 롱런이 가능해진다.

댓글만 해도 그렇다. 간니닌니 다이어리의 댓글은 대부분 공감의 언어들로 가득하다. 간니 닌니가 여행을 다녀온 후 영상을 업로드하면 댓글에는 대부분 "저기 나도 갔다 왔어요." "저도 간니 닌니가 간 곳 가보고 싶어요" "아~ 며칠 전에 갔다 왔는데 잘 하면 만날 수 있었을 텐데, 아쉬워요"라는 내용이다. 체험 영상에 달리는 댓글도 마찬가지다. 간혹 악플도 찾아볼 수 있는데 아무리 금지어를 설정해도 교묘하게 금지어를 뚫고 악플을 다는 사람들이 있기 때문이다.

이에 대처하는 우리의 노하우는 '선플 캠페인'이다. 실제로 명명해서 하는 것은 아니지만 공감의 글, 좋은 글을 남겨준 댓글을 고정시킨다. 직접 쓴 댓글이 고정되면 간니 닌니가 "잘했어요"라고 이야기해주는 것 같다고 한다. 덕분에 구독자들이 더 좋은 댓글을 많이 달아준다. 우리의 선플 캠페인을 보고 많은 키즈 크리에이터도 같은 방식으로 댓글 관리를 하고 있을 정도로 긍정적인 반응을 얻고 있다.

함께 만들어 가는 힘
....

채널이 가지는 힘은 콘텐츠, 스토리, 인물에게서도 나오지만 그 채널을 함께 만들어 가는 또래 친구들이나 구독자들이 만들어주는 부분도 있다. 이들의 마음을 움직이기 위해서는 친구처럼 대화를 나눌 수 있는 사이가 되어야 하고, 우리의 모든 콘텐츠가 결국 그들의 삶에서도 충분히 가능하다는 사실 등을 함께 나누고, 느끼는 요소가 필요하다. 간니닌니 다이어리는 바로 그 지점에서 구독자들과 공감대를 형성하고 있다고 생각한다.

우리 반에서 흔히 볼 수 있는 친구의 모습, 우리 부모님과 할 수 있는 활동, 우리 집과 닮아 있는 사는 모습 등이 동질감을 만들어주었고 시간이 지날수록 함께 자라면서 삶을 나누는 사이가 되었다.

유튜브 채널은 보는 이들과 소통하고 함께 만들어나가는 작업이다. 사람들의 마음을 움직이지 못하는 영상은 자기만족에 그친다. 공감할 수 있는 이야기는 진실함에서 출발한다. 자신의 삶 안에서 아이디어를 얻고, 다양한 플랫폼의 정보를 통해 확장, 발전시켜 솔직하게 보여주는 것이 중요하다. 내가 좋아하니 당신도 좋아하라고 말하는 게 아니라 '나는 좋은데, 당신은 어떠세요?'라고 물어봐 줄 수 있는 접근도 필요하다. 강요된 즐거움이 아니라 구독자가 직접 보고 느끼는 감정을 통해서 교감할 수 있는 것. 그것이 내가 아이들과 함께 유튜브 채널을 운영하면서 경험한 진정한 공감이 힘이었다.

이름 :

우리 가족을 소개합니다.

간니, 닌니, 엄마, 아빠~.

사랑하는엄마

사랑해요

엄	마		아	빠		
간	니		언	니		
사	랑	해	요	~♡		

간니닌니's
Photo Album

이름 :

우리 가족의 영상일기

간니닌니 다이어리 〰

많이 사랑해 주세요 !

하	고		싶	은	게		
너	무		많	아	요	∼♡	

"
주말에 3~4시간 정도 아이들이 원하는 걸 함께 즐기며

그 모습을 영상으로 기록하면 아이와의 대화가 자연스럽게 늘어나면서

친구 같은 엄마 아빠가 될 수 있다.

지금 옆에 있는 아이와 시선을 맞춘 채

"내일은 뭐 하고 놀까?"라고 물어보자.

"

유튜브를 통해
부모도, 아이도 성장한다

피할 수 없다면 배우고, 즐겨라

01

★

우리 아이가
달라졌어요

"난 왜 엄마랑 못 자."

둘째 닌니가 태어나고 얼마 지나지 않았을 때 간니가 툭 던진 말이었다. 지금이야 안방에 침대 두 개를 붙여놓고 온 가족이 옹기종기 모여 자지만, 그때만 해도 나와 갓난아기인 닌니는 바닥 매트 위에서 자고, 간니는 아빠와 함께 침대에서 잤다. 그리고 그보다 훨씬 전, 닌니가 태어나기 전에 간니는 돌봐주시는 이모님과 함께 잠을 잤다.

언제나 엄마 옆에서 잠드는 걸 소망했던 간니. 그런 간니 옆에는 늘 엄마가 아닌 노란 이불이 놓여 있었다. 돌 때 아빠 친구에게 선물 받은 노란 이불이 없으면 간니는 잠을 푹 자지 못했다. 그렇게 노란 이불은 애착 이불이 되었다. 여행을 갈 때나 친척 집을 방문할 때 간니가 일순위로 챙기는 물건이 바로 노란 이불이다. 그래서 간니의 노란 이불을 볼 때면 가슴 한구석이 아려 온다.

노란 이불 속에 숨던 아이

간니가 어렸을 때 일에 파묻혀 살던 나에게는 간니의 노란 이불이 눈에 들어오지 않았다. 다른 엄마들은 자녀들에게 "일을 하는 건 너 때문이야. 가족을 위해서야"라고 한다는데, 이상하게도 나는 그런 마음이 크지 않았다. 일은 일이고, 가족은 가족이라고 생각했다. 일이 주는 행복과 가족이 주는 행복이 다르다고 여겼다.

일에 찌들어 하루를 보내고 집에 돌아오면 피곤한 몸이 혼자 있던 간니를 향한 미안한 마음을 이겨버리곤 했다. 온종일 목이 빠져라 엄마를 기다리다 막 퇴근한 나에게 달려와서 "엄마, 놀자. 놀아요, 우리"라고 말하는 아이에게 "엄마 잠 좀 자자. 시끄러워!"라고 말했던 매몰찬 엄마, 이게 내 모습이었다.

사실 나는 엄마가 될 준비를 제대로 하지 못한 채 엄마가 되었다. 미안한 마음이 들어도 내 삶이 먼저 보여서 자꾸 아이들을 외면하는 못된 엄마였다. 그래서인지 간니는 꽤 아픈 손가락이었다. 엄마의 부족했던 사랑은 아이의 자존감을 낮게 만들었던 것이다.

자존감은 사람이 태어나 인생을 살아가는 데 있어 가장 중요한 부분이다. 자존감이 높은 사람은 삶을 긍정적으로 바라보며, 위기나 좌절의 순간이 닥쳐도 쉽게 무너지지 않고 극복할 수 있는 힘을 가진다. 자존감이 높아야 자신을 사랑하고 타인 역시 사랑할 수 있다. 반면 자존감이 낮은 아이들은 소심하고, 쉽게 다른 사람의 기에 눌리고, 유리 멘탈로 크고 작은 스트레스를 받고, 인간관계에서도 어려움을 겪는 경우를 종종 본다.

어린 시절 자존감 높은 아이로 키우는 것은 아이의 공부나 인성, 창의성, 리더십, 인간관계까지 연결되는 자녀 양육의 핵심 요소다. 그리고 그 모든 가치는 결국 행복이라는 종착점을 향해 간다. 이렇듯 아이의 '행복'한 삶은 자존감으로부터 시작된다.

그런데 내 아이의 자존감이 낮다고? 처음에는 그저 우리 아이가 조금 소심하고 소극적일 뿐이라고 생각했다. 하지만 간니는 "엄마, 고마워요"라는 말이 나와야 하는 상황에서도 "엄마, 미안해요"가 먼저 나오는 아이, 엄마에게 잔소리를 들을까 봐 눈치를 보는 아이였다.

지금 간니닌니 다이어리를 보는 사람들은 상상도 못 할 테지만, 간니는 어릴 때 유난히 말이 없고 수줍음을 많이 타는 아이였다. 친구들한테 먼저 놀자는 말 한 마디를 못 하고 쭈뼛쭈뼛하던 아이, 언제나 노란 이불 속에 숨어 있던 아이였다. 눈에 밟히던 노란 이불을 거둬내자 내 아이의 낮은 자존감이 보이기 시작했다.

간니가 초등학교에 입학했을 때 담임선생님을 붙들고 "애들이랑 친하게 지내도록 해주세요"라고 부탁했다. 그리고 수업 시간에 손을 들고 발표하는 모습을 보는 게 작은 소원일 정도였다.

물론 아이를 학교에 보내놓고 이런 걱정을 하는 부모가 나 혼자만은 아닐 것이다. 내 아이가 친구들과 잘 어울리지 못하면 어쩌나, 수업 시간에 책상만 바라보고 앉아 있으면 어쩌나 걱정하는 엄마 아빠가 많다. 부모라면 당연히 내 아이가 씩씩하게 발표도 잘하고, 친구들한테 인기도 많고, 자신의 생각을 똑 부러지고 야무지게 말하는 아이로 자라길 바란다.

나는 이것이 공부를 잘하고 똑똑한 것과는 조금 다르다고 생각한다. 발표할 때 틀려도 좋다. 항상 정답만 말할 수는 없으니 말이다. 답이 확실하지 않더라도 손을 들어 자기 생각을 말할 줄 알았으면 좋겠고, 틀려도 부끄러워하지 않았으면 좋겠다.

친구들 사이에서 꼭 리더가 되지 않아도 괜찮다. 항상 사이가 좋을 필요도 없다. 가끔은 투닥거리며 다투더라도 화해할 줄 알고, 상대를 안아줄 수 있는 아이가 되었으면 좋겠다. 주변을 둘러볼 수 있고, 친구들과 마음을 나누며 자랐으면 했다. 친구들과의 관계를 통해 그 시기에 느껴야 하는 감정을 온전히 느끼고, 내면이 튼튼한 아이로 성장했으면 좋겠다고 늘 바랐다.

'인정'이 가져다준 선물

간니가 조금씩 변한 것은 유튜브 채널을 오픈하고 키즈 크리에이터로 활동하기 시작하면서였다. 우선 엄마와 함께 있는 시간이 많다는 게 아이를 변화시킨 가장 큰 요인이었다. 그전에는 대화가 적던 모녀지간이었지만 유튜브를 하면서 많은 이야기를 나눌 수 있었다.

예전에는 일방적이고 수직적인 대화였다면, 유튜브를 시작하고 나서는 아이와 핑퐁 같은 대화가 가능해졌다. 서로를 이해하고 격려하고 상의하는 말이 오고갔다. 물리적으로 함께하는 시간이 늘어나고 활발하게 소통하면서 아이의 자존감이 점차 높아졌다.

게다가 키즈 크리에이터가 무언가를 만들어내고 사람들과 소통하는 작업이다 보니 창의력도 늘고, 사람들 앞에 나서는 것에 대한 두려움도 조금씩 사라졌다. 사람들의 반응이 늘어날수록 '나도 할 수 있다'라는 생각이 아이의 마음에 조금씩 자리 잡기 시작했다. 그래서인지 유튜브 채널을 오픈하고 구독자가 2,000명 정도 됐을 무렵 간니에게서 확실한 변화의 조짐을 느낄 수 있었다.

아이들의 자존감은 '인정'으로부터 시작된다. 간니만 해도 그랬다. 주변에서 간니 닌니를 알아보는 사람이 점점 늘어났는데, 아이들이 그걸 무척이나 신기해했다. 특히 영상이 재밌었다는 말 한 마디, 다음 영상을 기다린다는 말 한 마디가 아이들의 가슴에 콕콕 들어와

박혔다. 원래 칭찬은 고래도 춤추게 하는 법! 사람들의 응원에 아이들의 눈빛이 반짝거렸다.

사실 간니는 자기 의견이 많지 않은 아이였다. 촬영 아이템에 대해 물어봐도 이래도 흥, 저래도 흥! 이랬던 간니가 자기 생각을 말하기 시작한 것이다. "그건 괜찮은데, 이건 별로인 것 같아요." "엄마, 우리 다음에는 탕후루 한번 만들어 봐요." "아빠는 편집 뭐로 해요?" 소심했던 YES의 여왕 간니가 사라지고, 자기 생각을 말할 줄 아는 호기심 대마왕 간니가 탄생한 것이다.

나는 간니의 이런 변화가 반가웠다. 단순히 성격이나 성향이 바뀐 게 아니라 아이의 마음속에 자존감이 커지고 있다는 게 느껴졌다. 간니는 더 이상 조용하고 수줍고 소심한 아이가 아니었다. 엄마의 사랑을 느끼고 자신을 좋아해주는 사람들을 만나게 되면서 누구보다 명랑하고, 자기 자신을 사랑할 줄 아는 아이가 되었다.

긍정적 방향으로 나아가기

유튜브 오픈 3년. 간니에게서 나타난 변화 중 또 다른 하나는 자기감정을 솔직하게 드러낼 수 있게 된 것이다. 영상을 만들며 자존감이 자연스럽게 높아졌다면, 솔직함은 촬영이라는 훈련을 통해 얼을 수 있었다.

키즈 크리에이터로서 활동하면서 간니의 침묵은 커다란 에러 사항이자 반드시 해결해야 할 숙제였다. 촬영하면서 간니에게 "이거 재밌어?"라고 물으면 "네"라는 단답형의 대답이 돌아왔다. 그렇다고 해서 아이에게 대본을 주고 달달 외우라고 말할 수도 없는 노릇이었다.

고민 끝에 내가 찾은 답은 솔직함을 살려주는 것이었다. 간니를 향해 솔직하게 이야기해 달라고 말했다. 아이들의 솔직함은 큰 힘을 갖는다. 좋은 걸 좋다고 말할 수 있는 솔직함, 싫은 걸 싫다고 말할 수 있는 솔직함. 이것이 어린아이이기 때문에 가질 수 있는 가장 큰 장점이라고 생각한다. 그리고 촬영 때마다 간니에게 왜 '표현'을 해야만 하는지 설명해주었다. 단답형 대답이 아니라 조금 더 길게 말해야 하는 이유도 알려주었다.

"간니야, 보는 사람들은 네가 자신의 생각을 표현해줘야 같이한다고 느낄 수 있어. 네가 재미있으면 뭐가 재밌는지, 네가 좋으면 왜 좋은지 알려줘야 사람들도 같이 재밌어 하고 한번 해 보고 싶다고 생각할 거야."

처음에 낯설어하던 간니도 엄마의 생각을 이해한 듯 조금씩 자신의 감정과 생각에 살을 붙이기 시작했다. 그렇게 훈련 아닌 훈련으로 간니는 점차 자기 생각을 솔직하게 표현할 줄 아는 아이가 되었다. 이제 간니는 친구를 잘 사귈 수 있을까 걱정했던 게 무색할 정도로 활발하고 적극적인 성격이 되었다. 키즈 크리에이터로 활동하며 높아진 자존감과 솔직함이 간니를 변화시킨 것이다.

물론 자존감을 높이고 자녀의 성격을 변화시키는 데 키즈 크리에이터만이 정답은 아니다. 하지만 아이의 긍정적인 변화를 위해 부모와 아이가 함께 만드는 유튜브도 하나의 방법이 될 수는 있다.

02

아이들과 부모에게 꿈을 묻다

요즘에는 꿈 없이 살아가는 사람이 정말 많다. 특히 아이들은 꿈 꿀 새도 없이 공부, 또 공부, 좋은 대학, 공무원 시험 합격, 대기업 취업이라는 삶을 강요당하고 있다. 주입식 교육에서 평범하고 당연한 '꿈'은 어느새 허상 같은 단어가 되었다.

우리 사회의 대다수의 어른은 아이들에게 "너의 미래를 위해 잠시 행복을 보류하라"고 무언의 압박을 가한다. 어릴 적 고생이 미래를 더 값지게 만들어줄 것이라며 아이들을 구석으로 몰아세운다. 너무 과하다고 말할 수도 있지만 사실 우리 주변에서, 뉴스에서 흔히 볼 수 있는 일이다.

간니 또래 친구들을 만나면 자주 묻는 질문이 있다. "꿈이 뭐야?" 그러면 대부분 "…음, 잘 모르겠어요" "아직 생각해 본 적 없어요"라고 답한다. 간니 닌니 역시 유튜브 채널을 시작하기 전에는 똑같은 대답을 했다. 요즘 간니 닌니에게 꿈이 뭐냐고 물어보면 잠시 망설인다. 하고 싶은 게 너무 많아서 뭐부터 말해야 할지 몰라서다. 꿈이 다양하니 되고 싶은 사람의 모습도 다양해졌다. 파티시에, 셰프, 배우, 가수, 크리에이터, 디자이너 등등 하루에 한 번씩 바뀔 정도다. 나는 그 변화가 너무나 반갑다.

꿈꾸기 시작한 아이

아이들과 함께 유튜브를 하지 않았다면 나도 세상의 기준을 따라가는 '인생'을 아이들에게 강요했을지 모른다. 사실 부모의 욕심이라는 것이 그렇다. 아이들이 좀 더 안정된 삶을 살길 바라고, 세상으로부터 인정받길 바라는 것이다. 하지만 안정된 삶과 세상이 인정하는 '기준'은 사람마다 다른 게 아닐까.

유튜브를 시작하며 세상을 바라보는 내 시선이 좀 더 넓어졌다. 나 역시 유튜브를 시작하지 않았다면 아이들에게 공부하고, 앞만 보고 달려가라며 채찍질했을지도 모른다. 하고 싶은 일을 찾는 건 대학에 가서도 충분하니 지금은 열심히 공부해 상위권 성적을 유지하고, 좋은 대학에 들어가는 게 중요하다고 말이다.

유튜브를 시작하고 아이들이 변해 가는 모습을 지켜보았다. 공부뿐 아니라 삶을 개척해 나갈 수 있는 수많은 방법이 있다는 것도 확인했다. 그리고 꿈을 꾸는 데 있어 늦은 건 없지만, 어린 시절 자유롭게 꿈꿔 본 적 없는 사람은 어른이 되어서도 꿈꾸는 게 어렵다는 사실을 알게 되었다.

어린 시절에 꿈을 꾸는 게 왜 중요할까? '꿈'이 희망과 미래에 대한 의지를 만들어주기 때문이다. 꿈을 꾸면 사람은 그것을 이루기 위해 자기 의지에 따라 '노력'을 한다. 물론 꿈꾸던 것을 성취하지 못했을 때 좌절할 수도 있지만, 그 노력의 시간은 어떤 식으로든 보상받게 된다.

그렇다고 꿈을 강요하고 싶지 않다. 어린 시절부터 꿈을 이루기 위해 구체적으로 미래 계획을 세우라고 말하고 싶지도 않다. 어린 시절에는 꿈이 자주 바뀌어도 상관없다. 그만큼 호기심이 많다는 증거이니 말이다. 아이들이 해마다 하고 싶은 일이 바뀌어도 그것을 응원하고 지지해주는 게 중요하다고 생각한다.

"넌 왜 이렇게 변덕스럽니?"라고 다그치는 것이 아니라 왜 그 꿈을 가지게 되었는지 물어봐주고, 대화를 나누었으면 좋겠다. 그리고 자녀가 "꿈이 없어요" "내 꿈이 뭔지 모르겠어요"라고 말한다면 함께 아이의 관심사를 찾아주는 게 부모의 역할이 아닐까 싶다.

많은 사람의 생각처럼 직업이 곧 꿈은 아니다. '꿈'에는 직업적인 꿈도 포함되지만, 내가 하고 싶은 일이라는 더 포괄적인 개념이 있다. 남에게 지식을 알려주고 싶다고 해서 아이가 꼭 선생님이 되어야만 하는 것은 아니다. 관심사가 다양해 해보고 싶은 일이 많은 아이로 키우는 것이 어쩌면 아이를 꿈꾸게 하는 방법일 수도 있다.

아이가 세상을 보는 눈, 유튜브

나 역시 회사라는 경쟁 사회에서 치열하게 살던 때는 부모의 이런 역할을 잘 인지하지 못했다. 하지만 아이들과 함께 유튜브를 시작하면서 내 앞에 '아이들의 세계'가 펼쳐졌다. 유튜브에서 만난 아이들의 세계는 여전히 순수했고, 유쾌했으며, 천진난만했다.

어른이 회사라는 사회에서 경주마처럼 앞만 보고 달려가야 하듯 아이들은 학교라는 세상에서 입시라는 종착점을 향해 쉬지 않고 달려가야 한다. 아이들이 유튜브 시청을 좋아하는 것은 학교와 공부라는 틀에 갇힌 아이들에게 하나의 숨구멍이 되어주고 있기 때문이 아닐까 하는 생각이 들었다. 유튜브가 꿈이 뭔지 모르는 아이들에게 "이런 꿈을 꿔도 좋지 않을까"라고 말을 건네주고, 꿈꾸고 싶지만 꿈

꿀 수 없는 아이들에게 "너도 네 꿈을 말해 봐"라고 손 내밀어주고 있다는 생각이 들었다.

이런 위로는 유튜브 채널을 시청하는 아이뿐 아니라 직접 채널을 운영하는 키즈 크리에이터에게도 똑같이 전해진다. 부모의 손에 이끌려 멋모르고 유튜브를 시작한 아이들이 채널을 운영해 나가면서 어느새 자기 생각과 의견을 얹고, 진짜 크리에이터로 성장하는 것이다. 나 역시 우리 아이들이 그런 변화를 겪는 것을 지켜봤다.

단순히 학생으로 살았다면 쉽게 접해 보지 못할 경험을 어린 시절부터 해 보며 세상을 보는 관점이 다양해지고, 하고 싶은 일도 많아졌다. 아이들은 자신이 좋아하는 일과 재미있는 일을 발견하고, 그 안에서 점차 깊이를 더해 가며 성장해 나가고 있다.

가끔 주변의 키즈 크리에이터를 보면서, 간니 닌니를 보면서 생각하곤 한다. 아이들은 커서 어떤 사람이 될까? 어떤 직업을 갖게 될까? 누군가는 키즈 크리에이터로 활동하다 자신의 의지에 따라 공부에 전념할 수도 있고, 누군가는 엔터테이너가 될 수도 있고, 피디나 영상 전문가가 될 수도 있고, 디자이너가 될 수도 있다.

아이들의 미래를 단정 지을 수는 없지만, 지금의 경험이 아이들을 더욱 단단하고 야무지게 만들어 아이들이 자신의 꿈을 현실화시키는 데 도움이 될 것이라고 생각한다. 아이들은 지금도 유튜브 방송을 하면서 다양한 꿈을 꾸고 있으니 말이다.

부모도 새로운 꿈을 꾸다

키즈 크리에이터의 엄마 아빠로 살면서 부모 역시 다시 꿈을 꿀 수 있게 되었다. 아이들의 경우 호기심과 즐거움, 재미를 위해 유튜브를 시작하는 경우가 많다. 이때 아이들을 올바른 방향으로 이끌어주는 것이 부모의 역할인데, 그 역할을 하면서 부모는 잊고 지내던 꿈을 다시 떠올리기도 한다. 내 경우도 그랬다.

사실 나는 초등학교 시절 가수가 되고 싶었다. 중·고등학교 시절에는 아나운서가 되고 싶어 볼펜을 입에 물고 발음과 발성 연습을 하기도 했다. 그러다가 직장생활을 하면서 어렸을 적 꿈들을 오랫동안 잊고 살았는데, 아이들과 함께 유튜브 채널을 운영하다 보니 그 꿈들이 다시 되살아났다.

간니닌니 다이어리가 안정적인 궤도에 오르기 시작한 것은 내가 내레이션을 시작하면서부터였다. 원래 내레이션은 간니 담당이었는데, 어느 날 간니가 아파서 우연히 내가 대신하게 되었다. 중·고등학교 때 방송반에서 활동했던 경험, 아나운서가 되고 싶어서 했던 발음과 발성 연습, 소싯적 방송국에서 리포터로 일했던 경험 등으로 남들보다 조금은 수월하게 내레이션을 완성해 나갈 수 있었다. 아이들과 함께 영상을 만드는 것도 좋았지만 내레이션을 하면서 내가 좋아했던 게 무엇인지, 원했던 게 무엇인지 다시 한 번 되돌아보게 된 것도 또다른 즐거움이었다.

어린 시절 꿈 많던 소년 소녀도 어른이 되고, 결혼하고, 아이를 낳으면 '꿈'이라는 단어를 잊고 살게 된다. 자신의 꿈보다는 가족을 부양하고, 자녀를 키우는 일에 몰두한다. 여기서 과연 나의 꿈과 양육이 공존할 수 없는 것일까 하는 생각이 들었다. 그리고 나는 아이들과 함께 유튜브 채널을 운영하며 그 가능성을 발견했다.

내가 좋아했던 일을 아이들과 함께 나누고, 그것을 유튜브라는 플랫폼을 통해 다른 사람들과 공유하면서 성장해 나갈 수 있는 것. 엄마와 아이가 함께 꿈을 나눌 수 있는 사이가 된다면 그것만큼 행복한 일이 있을까!

새로운 길을 찾아가는 통로
·······························

사람은 꿈 없이 살 수 없다. 직업적인 꿈이 아니라 하고 싶은 것, 원하는 것, 갈망하는 것, 이루고 싶은 것 말이다. 이런 욕망 없이 사람은 성장할 수도, 발전할 수도, 행복할 수도 없다. 왜 모든 사람이 꿈을 꿔야 하느냐고 물을 수도 있다. 하고 싶은 것 없이, 되고 싶은 것 없이 그냥 지금 이대로여도 좋지 않느냐고 반박할 수도 있다. 물론 자신이 행복하다면 상관없지만 그래도 주어진 시간을 좀 더 알차

게 사용하고 미래를 향해 나아가기 위해서는 꿈꾸는 삶이 중요하다고 믿는다.

처음에는 단순한 이유와 가벼운 마음으로 유튜브 채널을 시작했지만, 그 안에서 "당신의 꿈은 무엇입니까?"라는 중요한 질문을 받았다. 잊고 살았던 엄마와 아빠의 꿈, 아직은 백지장 같은 아이들의 꿈이 그 질문에 대답했다.

유튜브는 아이들의 잠재된 능력을 끌어내어 주었다. 유튜브를 하면서 간니가 아빠를 닮아 손재주가 뛰어나다는 사실을 발견했고, 닌니가 끼 많은 아이라는 사실을 알게 됐다. 아이들이 자신의 꿈을 말할 수 있게 되었다는 사실이 다른 어떤 일보다 기쁘다.

나는 유튜브를 통해 발견한 아이들의 재능을 좀 더 끌어내어 줄 수 있었으면 좋겠다. 키즈 크리에이터에게, 구독자에게, 그들의 부모에게 유튜브가 자신의 꿈을 찾아가는 나침반이 되었으면 한다.

03

새로운 도전이
가져온 변화

　아이들과 함께 유튜브 채널을 운영하며 가족이 함께하는 시간은 늘어났지만, 아이들에게는 아직도 충족되지 않는 엄마에 대한 갈증이 있었다. 간니는 종종 나에게 "엄마, 회사 그만두면 안 돼?"라고 묻곤 했다. 그때마다 간니와 심도 있는 대화를 나누는 게 아니라 "한번 고민해 볼게"라며 대화를 피하기 바빴다. 그러던 어느 날 간니가 자다가 벌떡 일어나서 엉엉 우는 것이 아닌가! 갑자기 무슨 일인가 싶어 왜 그러냐고 묻자 "나도… 비오는 날 마중 나와 주는 엄마가 필요해"라며 울먹거렸다. 그 순간 심장이 쿵 하고 내려앉으며 간니가 오랫동안 엄마를 그리워했다는 생각이 들었다.

아이에게 엄마가 필요하지 않은 시기란 없다

안 그래도 아이들이 성장할수록 엄마의 손이 더 필요하겠다는 생각이 들던 때였다. 나는 선택의 기로에 서 있었다. 회사에서 인정받는 것과 우리 아이들이 엄마를 필요로 하는 것, 그 갈림길에서 한쪽을 선택해야만 했다. 결국 나는 회사를 졸업하고 아이들 곁으로 가기로 했다. 결코 쉬운 결정은 아니었다.

회사에서의 마지막 날, 동료들은 나에게 20년간 수고했다면서 졸업장을 수여했다. 집으로 돌아와 가족들과 조촐하게 졸업 파티를 하는데 살짝 눈물이 났다. 내 선택과 결정이 우리 가족을 어디로 데려다 놓을까? 우리 가족은 어떤 방향으로 나아가게 될까? 집에 있다고 해서 아이들을 잘 돌볼 수 있을까? 이런 고민과 두려움이 있었지만 새로운 시작과 도전에 대한 설렘도 있었다.

우선 간니 닌니의 성장을 옆에서 지켜볼 수 있다는 즐거움이 있었다. 나에게는 아이들의 어린 시절을 함께하지 못했다는 부채 의식이 있었다. 한 육아 예능 프로그램에 나와 아이를 단 한 번도 다른 사람의 손에 맡긴 적이 없다고 했던 부모의 이야기를 듣고 책임감이 부족한 게 아닌가 고민에 빠진 적도 있었다.

부족하고 모자란 엄마라는 것을 들키고 싶지 않아서 아이들은 그냥 둬도 저절로 자란다는 옛 어른들의 말을 믿고 싶었다. 또한 걷고 말하게 되면 엄마의 손이 덜 필요할 거라고 생각했다. 하지만 아이들에게 엄마의 손이 필요하지 않은 시기는 없다. 아이가 의사 표현을 하고, 유치원이나 학교에 다니게 되면서 엄마의 역할은 더욱 중요해졌다.

영·유아기일 때는 아이가 건강하게 자라도록 신체를 돌본다. 대화가 불가능한 시기이므로 부모가 의사를 전달하고 감정을 교류하는 방식으로 양육이 이뤄지지만 유년기가 되면 상황이 달라진다. 한 설문조사에 따르면 워킹맘들은 자녀가 초등학생이 되면서 죄의식을 느끼게 된다고 하는데, 나 역시 그 마음이 백번 이해됐다.

유치원이나 학교에 다니는 아이들은 물리적으로 돌보는 것 외에도 인지와 정서에 이전보다 더 큰 관심을 가져야 한다. 대화가 가능해진 아이들에게는 단순히 감정이나 지식을 전달하는 것이 아니라 그것을 이해할 수 있는 설명이 필요하다. 더 복잡하고 어려운 양육이 펼쳐지는 것이다.

양육에 뛰어드는 것이 조금 두렵기도 했지만, 아이들에게 언제까지나 '집에 없는 엄마' '일만 하는 엄마'로 남고 싶지는 않았다. 아이들이 정말 필요할 때 손 내밀어주는 엄마가 되고 싶었다. 누군가에게는 정말 사소한 일일 수 있지만 아이들이 학교에서 돌아오면 같이 책을 읽고, 아이들이 공부하고 있을 때 간식을 챙겨주고, 비가 오는 날이면 우산을 들고 아이를 마중 나가는 그런 엄마가 되고 싶었다.

아이와 온전히 마주 보기

아이들과 함께 유튜브 채널을 운영하지 않았다면 지금처럼 변하지 못했을 것이다. 나는 나 자신을 마주하는 것도 어려워했고, 아이들을 온전히 이해하는 것도 쉽지 않았다. 아이에게 진짜 필요한 것이 무엇인지 잘 모르거나 알아도 모른 척하며 살았을 수도 있다. 하지만 유튜브 채널을 운영하며 '가족이 함께한다는 것'에 대한 의미를 깨달았고, 내 아이들을 온전히 마주 볼 수 있게 되었다.

아이들과의 대화만 해도 그렇다. 회사 다닐 때는 애들과 대화를 나눌 시간이 없었다. 아침에 집을 나서면서 아이들에게 "엄마는 회사 다녀올 테니까 학교, 유치원 잘 다녀와"라고 말했다. 회사에서 일하는 동안 애들한테서 전화가 오면 "엄마 바빠서 통화 오래 못 해"라고 말했다. 그리고 저녁 9시, 10시쯤 집에 들어와서 "공부했어? 이제 자야지. 엄마 씻을 동안 숙제 끝내고 빨리 잘 준비해"라는 말이 대화의 전부였다. 하지만 유튜브를 시작하고 일상 영상을 찍으면서 대화가 많이 늘었다.

간니가 귀를 뚫을 때 가족회의를 하고 그걸 유튜브에 올렸는데 수천 건의 댓글이 달렸다. 간니를 응원하는 사람부터 걱정해주는 사람까지 그 반응을 함께 공유하는 게 아이들에게도 부모인 우리에게도 놀라운 경험이었다. 머리카락을 염색하는 것에서부터 주말에 무엇을 하고 놀 것인지에 대한 부분까지 대화가 많아졌다. 또한 예전에는 강압적이고 일방적이던 엄마와 단답형의 딸이었는데, 지금은 친구와 수다를 떨듯 마음속 이야기를 나누는 사이가 되었다.

이제 나에게는 새로운 미션이 생겼다. 하나는 아이들을 24시간 온전히 나만의 힘으로 돌보는 것이다. 여느 가정이 그러하듯 사춘기에 들어선 딸과 싸우기도 하고, 화해도 하고, 야단도 치고, 칭찬도 하면서 아이들과 함께 소소한 일상을 나누고 싶다.

더불어 간니닌니 다이어리 플랫폼을 더 성장시키고 싶다. 퇴사 이유에는 아이들을 위한 일을 하고 싶다는 생각도 있었다. 왕성하게 일할 에너지가 남아 있을 때 내 가족, 내 아이들을 위한 일을 해 보고 싶었다. 과거 회사에서 일할 때는 가족이 머릿속에 없었다. 일에 집중해야 했기 때문에 가족을 생각할 여유가 없었다. 심지어 회사 일을 집으로 가지고 와야 할 때도 많았다. 하지만 지금은 모든 일이 간니 닌니와 관련되어 있다. 가족과 일의 경계가 사라진 것이다.

유튜브 채널을 시작하면서 나의 모든 것이 바뀌었다. 삶의 이유와 가치관, 내 개인의 비전이 변했다. 유튜브를 시작하고, 퇴사하고 난 뒤 나의 모든 생각과 행동의 중심에 '가족'이 있었다. 그리고 그것은 내 인생의 또 다른 도전이기도 했다. 그러다 보니 처음 유튜브를 시작한 것도 하나의 도전이었지만, 퇴사 후 간니닌니 다이어리 플랫폼을 좀 더 키워 보고자 마음먹은 것 역시 또 다른 도전이 되었다.

어느 정도 나이를 먹으면 무언가 새로운 일에 도전한다는 것이 버겁게 느껴진다. 누군가는 그처럼 안정적인 직장을 그만두고 이제 와서 든든한 배경 하나 없이 빡빡한 세상에 뛰어들려 하느냐고 말했다. 하지만 유튜브를 하면서 나는 새로운 일에 도전하는 것이 어떤 기분인지, 하나하나 성취해 가는 것이 어떤 기분인지 깨달았다.

이 도전을 통해 나 혼자만 변한 것은 아니다. 아이들 역시 유튜브를 하며 목표 의식이 생겼고, 모든 계획과 행동이 더 적극적으로 변했다. 무언가를 계속 시도하다 보니 그 경험이 자극제가 되어 좀 더 나은 것을 생각하게 되었다. 엄마 입장에서는 그동안 아이들에게 해주지 못했던 것들에 대한 보상 심리가 아닐까 하는 생각이 들기도 했지만, 중요한 것은 꼬리에 꼬리를 무는 반응이 우리를 '행복'하게 만들어준다는 것이었다. 아이들을 위해 일한다는 만족감. 모든 관점이 오롯이 아이들을 향해 있다는 게 너무 행복하다.

아이들의 캐릭터를 만들다

아이들의 캐릭터를 만든 것도 유튜브를 운영하며 시도한 도전이었다. 간니 닌니 캐릭터는 유튜브 영상의 오프닝과 클로징을 장식한다. 오프닝과 클로징이 바뀌면 사람들이 금방 알아챌 정도로 간니

닌니 캐릭터는 많은 이들의 사랑을 받고 있다. 실제 아이들을 모델로 하다 보니, 사람들이 더욱 친근하게 느끼고 애정을 갖는 것 같다. 캐릭터가 들어가니 영상 퀄리티도 높아졌고, 굿즈 등 다양한 부분에도 활용할 수 있었다.

유튜브 채널을 떠나서 캐릭터는 우리 가족에게도 세대를 뛰어넘어 공유할 수 있는 또 하나의 선물이었다. 처음 간니 닌니에게 캐릭터를 보여주며 "이게 간니고, 이게 닌니야"라고 말했을 때, 아이들은 산타에게 크리스마스 선물을 받은 듯 기뻐했다.

캐릭터는 늙지 않는다. 우리 이전 세대가 보았던 미키 마우스를 내가 보고 자라고, 내 아이들이 보는 것처럼 간니 닌니 캐릭터도 세대를 뛰어넘어 존재했으면 한다. 가끔 간니 닌니가 자라 성인이 되고, 언젠가 결혼을 해서 아이를 낳아 엄마가 되었을 때, 내가 손주들을 품에 안고 간니 닌니 캐릭터를 보여주며 "이 캐릭터가 너희 엄마야"라고 말하는 장면을 상상한다. 간니 닌니의 다음 세대가 지금 우리가 남겨 놓은 유튜브 영상과 캐릭터를 보고 엄마의 어린 시절을 마주하게 될 그 순간이 너무나 기대된다. 내가 사라져도, 혹은 간니 닌니가 할머니가 되는 순간에도 캐릭터는 남아서 다음 세대의 아이들에게 추억과 가족의 역사를 전해주었으면 좋겠다.

아이를 키우고 있는 부모에게 유튜브 플랫폼이 아직 낯설게 느껴진다면, 아이들과 함께 유튜브 채널을 운영해 보고 싶지만 엄두가 나지 않아서 망설이고 있다면 일단 고민은 접어두고 시작해 보라고 말하고 싶다. 다만 유튜브 채널이 안정되기도 전에 본업을 그만두고 도전하는 것은 금물이다. 유튜브 채널 운영이 한 가족의 유일무이한 경제적 수단이 된다면 그만큼 위험한 일이 없기 때문이다. 유튜브 채널을 돈벌이 수단으로만 바라보고 도전하는 것은 가장 경계해야 할 일이다.

크리에이티브한 일에 대한 도전, 자녀들과 어떻게 친해져야 할지 모르는 부모를 위한 징검다리, 자녀들과 가깝게 지내는 부모들에게는 아이들과 새로운 것을 해 볼 기회로 유튜브를 바라보는 건 어떨까? 이런 의미의 도전이라면 유튜브는 또 다른 기회를 가져다줄 수도 있다. 내게 아이들과 친해질 기회, 새로운 일에 대한 기회를 준 것처럼 말이다.

04

부모의 시간은
거꾸로 흐른다

나는 '삼촌 같은 엄마'다. 그것도 막내 삼촌 같은…. 사람은 나이를 먹을수록 어깨에 힘이 들어가고 점잖아져야 할 것 같은데, 이상하게도 내 어깨와 마음은 점점 가볍고 자유로워지고 있다. 아마도 유튜브의 영향이 아닐까 싶다.

유튜브에 '유' 자도 제대로 알지 못하던 엄마가 '키즈 크리에이터' 엄마로 살다 보니 자연스럽게 또래 아이들의 세상으로 들어가게 되었다. 매일 아이들이 뭘 좋아할지 고민하고, 새로운 것을 찾아 도전하고 있다. 회사에서는 어떻게 조직을 이끌고 어떻게 매출을 올릴지 고민하며 마음의 무게감을 느꼈던 것과는 전혀 다른 세상이 펼쳐진 것이다.

'젊은' 엄마를 원한다

회사에서는 어른들을 상대했고 그들의 기대를 충족시키기 위해 고민해 왔다면, 지금은 아이들을 기쁘게 해줄 생각으로 가득하다. 비록 나이는 그렇지 않지만, 이런 생각만으로도 젊은 엄마가 된 기분이다.

요즘 주변 엄마들이나 사회에서 만난 동년배들과 이야기를 나누다 보면 곧잘 화제에 오르는 것이 '젊은 엄마'다. 실제로 나이가 어린 엄마도 있지만, 결혼 시기가 늦어지면서 아이를 늦게 출산하는 경우도 많아서 젊은 엄마는 더욱 관심의 대상이 된다.

우리는 왜 젊은 엄마가 되길 원하는가? 그것은 단순히 외형적으로 어려 보여서 자녀들에게 '예쁜' 엄마가 되고 싶은 게 아니라 아이를 이해해주고, 아이와 소통이 가능한 엄마가 되고 싶다는 바람일 것이다. 생각해 보라. 자녀랑 대화할 때 아이가 하는 말을 제대로 알아들을 수 없다면 대화는 끊어지고 어색한 침묵만 감돌 것이다.

젊은 엄마가 되기 위해서는 아이들의 생각과 문화에 끊임없이 관심을 가지고, 아이들과 교감하기 위해 노력해야 한다. 키즈 크리에이터 유튜브 채널의 주요 구독자가 아이들이다 보니 눈높이가 자연스럽게 그 세대에 맞춰지고 있다.

간니 닌니 또래를 만나면 자연스럽게 "요즘 뭐 하고 놀아?" "요즘 관심 있는 게 뭐야?"라는 질문을 하게 된다. 그러면 아이들은 어른의 관심이 싫지 않은 듯 재잘재잘 자기 생각을 쏟아낸다. 내가 느낀 아이들은 어른이 조금만 관심을 보이면 그것에 대해 큰 기쁨을 느낀다. 자신을 알아준다고 생각하는 것이다.

그렇게 아이들에게 들은 이야기와 생각을 바탕으로 콘텐츠를 만들고, 구독자인 아이들은 그 영상을 보고 또 다른 아이디어를 펼쳐 나간다. 뫼비우스의 띠처럼 연결되는 아이들과의 교감을 보고 있노라면 나도 모르게 어려지는 기분이 든다. "어른이니까 이렇게 해야 해"라는 관점이 없어지고, 뭔가 새로운 것을 발견하기 위해 애쓰고, 그것을 어떻게 하면 쉽게 풀어낼까 고민하기 때문에 머리 굳을 새가 없다.

사실 나이를 먹으면서 '머리가 점점 굳어지고 있어'라는 생각에 좌절감이 밀려올 때가 종종 있는데, 유튜브를 시작하고는 오히려 머리가 쌩쌩 돌아가고 팔랑귀가 되어 스스로를 말려야 할 정도다. 가끔 거울을 보며 늘어난 주름살과 흰머리에 '으악' 소리를 지를 때도 있지만, 이상하게 마음만은 젊어지는 것 같아 슬프지가 않다.

마음에 맞는 보톡스

꼭 '엄마'라는 존재가 아니더라도 '젊게 살고 싶어 하는 것'은 누구나 바라는 일이다. 나이 들어감이 자연스러운 삶의 이치라지만 그래도 할 수만 있다면 젊은 사고로 살아가길 바라는 게 모든 사람의 희망사항일 것이다.

주변을 둘러보면 늙는다는 것을 슬퍼하며 자신의 외모를 가꾸는 데 시간과 돈을 아끼지 않는 어른들이 있다. 하지만 마음과 사고가 젊지 않으면 아무리 외모를 꾸며도 표정과 분위기에서 늙음이 고스란히 묻어난다. 얼굴은 그 사람의 삶과 생각을 그대로 드러내는 거울이기 때문이다.

얼굴이 아닌 마음에 맞는 보톡스. 나는 유튜브가 그 보톡스 역할을 해줄 수 있다고 믿는다. 유튜브는 디지털 시대에 나타난 새로운 미디어이므로 이를 받아들이는 것 자체가 요즘 아이들의 '세상'을 이해하는 첫걸음이자 젊은 감각을 갖춘 사람이 되는 방법이라고 생각한다. 그리고 그 안에 있는 콘텐츠 역시 마찬가지다. 유튜브는 무궁무진한 정보의 바다이자 국경과 세대를 뛰어넘는 콘텐츠를 만날 수 있는 곳이다. 오랜 시간 축적된 정보가 있는 곳이자 가장 따끈따끈한 소식이 넘쳐나는 곳이다.

양질의 콘텐츠와 악의적인 콘텐츠를 구분하고 걸러낼 수 있는 안목과 기준만 갖춘다면 유튜브는 새로운 세상을 만나고, 세대 간 소통을 가능하게 만들어주는 훌륭한 도구가 될 수 있다. 대한민국 안에서 유튜브를 보는 것만으로도 세계 곳곳을 볼 수 있고, 어린아이를 비롯해 다른 사람들의 살아가는 이야기를 들을 수 있으니 말이다.

보수적이고 고리타분한 생각보다는 열린 마음으로 유튜브를 보면 좋겠다. 그러다 보면 유튜브가 나에게 그러했듯 젊은 마인드를 가져다줄지도 모른다.

긍정 스트레스가 있는 삶

유튜브를 시작하고 나서 내게 찾아온 또 하나의 변화는 긍정 스트레스가 있는 삶이다. '긍정'과 '스트레스'라는 단어의 조합이다 보니 상상이 잘 되지 않을 수도 있다. 현대인은 아이든 성인이든 스트레스 속에서 살아가고 있다. 아이들은 학업 스트레스, 회사원은 직장 스트레스, 부모는 육아 스트레스 등 스트레스 없는 사람은 아마 없을 것이다. 나 역시 회사를 다닐 때 어떤 날은 출근하는 차가 그대로 멈춰 움직이지 않았으면 좋겠다고 생각할 정도로 스트레스를 받았다. 또한 회사 일을 하느라 아이들을 제대로 돌보지 못한다는 것 역시 스트레스였다. 한편 아이들은 일하는 엄마 아빠 때문에 스트레스를 받았을 것이다.

그렇다면 유튜브를 시작하고 우리 가족의 스트레스가 모두 사라졌을까? 유튜브가 스트레스 해소의 장이 되어주었을까? 대답은 "NO"이다.

단순하게 유튜브를 시청한다면 일상에서 오는 스트레스를 풀 수 있겠지만, 유튜브 채널을 운영한다는 것은 조금 다른 이야기다. 하루하루 새로운 영상을 만들어내는 것이 쉬운 일은 아니다. 10분 남짓의 짧은 영상이지만, 무에서 유를 창조하는 것이기에 스트레스가 없다면 거짓말이다. 조회 수가 많이 나오고 구독자들이 좋아하면 절로 기쁨의 미소를 머금게 되지만, 반응이 약하다는 생각이 들면 어쩔 수 없이 실망감이 밀려온다.

콘텐츠를 기획하고 영상을 올릴 때까지 '우리 아이들이 좋아할까?' '이 영상을 보는 구독자들은 어떤 반응을 보일까?' '이게 우리 아이덴티티에 맞을까?' '이번 영상은 조회 수가 어느 정도 나올까?' 이 모든 반응을 기대하고 예측하며 하루하루 영상을 올린다는 것, 이 역시 스트레스다. 그러나 나는 이 스트레스를 결코 부정적으로 보지 않는다. 회사가 나에게 주는 스트레스가 아니다. 타인이 나에게 주는 스트레스가 아니다. 아이들과 함께 창작 욕구를 풀어 나가는 과정에서 발생하는 아주 자연스러운 스트레스이기 때문이다. 이 스트레스는 강박이 아니라 더 잘하고 싶다는 욕심이고 성장의 발판이다. 그래서 스트레스 앞에 '긍정'이라는 단어를 붙인 것이다.

최선을 다해 콘텐츠를 만들었다면 그 반응이 궁금한 것은 당연한 일이고, 무슨 일을 하든지 간에 그 정도의 스트레스는 있다. 나는 지금 이 긍정 스트레스를 성장의 동력으로 삼아 아이들과 유튜브 채널을 운영해 나가고 있다.

유튜브는 긍정 스트레스를 주는 존재이자 젊음의 샘물이다. 나를 성장시키기도 하고 마시면 마실수록 몸과 마음을 젊게 만들어주기도 한다. 또한 늘 새로운 삶을 꿈꾸게 한다. 세상은 빠르게 변하고, 아이들은 무럭무럭 자란다. 조금만 멈춰 있어도 빠르게 변하는 세상을 따라가기가 어렵다.

아이들은 세상의 속도에 맞춰 앞으로 나아가는데, 부모가 따라가지 못하고 뒷모습만 바라보고 있다면 자녀들의 반짝반짝한 순간을 놓치게 될지도 모른다. 아이들의 걸음에 발맞춰 가는 그런 부모가 되었으면 좋겠다.

05

아이가
아이다울 수 있는 공간

나는 아이들을 많이 좋아하는 사람이 아니었다. 아니, 정확하게 표현하면 아이들과 어떻게 소통해야 하는지 잘 모르는 사람이었다. 내 아이들과 대화를 나누는 것조차 쉽지 않았던 엄마였다. 그런 내가 간니닌니 다이어리 채널을 운영하면서 '니블마마'라는 이름을 얻게 되었고, '니블리'라는 딸 같고 아들 같은 친구들이 생겼다.

유튜브 채널을 처음 개설하고, 구독자 한 명 한 명이 너무 소중하던 시절 '좋아요' 한 번, 댓글 하나가 엄청난 응원과 위로가 되었다. 솔직히 유튜브 채널을 운영하고 유지하는 게 어려워 포기하고 싶을 때도 있었지만, 그때마다 흔들리는 마음을 다잡아준 존재가 바로 구독자였다. 구독자들은 응원의 메시지를 남기기도 했고, 영상을 보면서 함께 웃기도 했고, 때로는 같이 가슴 아파하고 걱정도 하면서 때로는 아이디어를 보태면서 그렇게 우리 곁에 있어주었다. 우리 가족은 이런 구독자들을 '니블리'라는 애칭으로 부른다. 이렇게 또 다른 가족이 탄생한 것이다.

놀이터에서 만날 것 같은 간니 닌니

유튜브의 가장 큰 매력은 구독자와 함께 소통할 수 있다는 것이다. 간니닌니 다이어리를 응원해주는 니블리 대부분은 간니 닌니 또래나 동생, 언니, 오빠다. 그리고 간니 닌니 또래 자녀를 둔 부모들이 채널을 즐겨 본다. 엄마와 아이가 함께 구독하며, 댓글 안에서 서로 의견을 나누는 경우도 있다. 댓글을 통해 니블리들과 이야기하다 보면 친구가 되고 가족이 된다는 게 그리 어려운 일이 아니라는 생각이 든다.

요즘 세상에는 옆집에 누가 사는지 모르고, 동네 사람과 마주쳐도 인사를 나누지 않는다. 현실에서는 이웃사촌이 낯설고도 어색한 단어가 되었지만, 유튜브라는 채널 안에서는 여전히 유효하다. 즐거움과 고민, 경험을 나누고 서로 인사하고 응원하고 위로하는 관계가 이웃사촌, 또 다른 가족이 아니면 무엇인가.

니블리가 가장 많이 올리는 댓글 중 하나가 "간니 언니랑 놀고 싶어요" "닌니랑 바풍(바닥 풍선)해 보고 싶어요"이다. 니블리에게 간니 닌니는 닿을 수 없는 존재가 아니라 놀이터에서 함께 놀고 싶은 사람이며, 매일 인사를 나누는 친구이거나 남매, 자매 같은 사람이다.

우리는 이 소중한 관계를 더욱 돈독히 하고 싶었다. 단순히 우리 영상을 구독자와 공유하는 것 외에 니블리들과 함께하는 무언가를 만들고 싶었다. 그래서 채널 오픈 초기에는 꽤 다양한 이벤트를 했다. 슬라임이나 보드게임, 인스(인쇄소 스티커), 떡메(떡 메모지) 등의 문구류를 구독자에게 선물로 줬다. 구독자 수를 늘리기 위해 생각해 낸 방법이었지만, 한 명 한 명의 구독자가 너무 소중해 감사의 마음을 표현하고 싶었던 것도 사실이다.

그런 시기를 거쳐 구독자 수가 점점 늘어났고, 간니닌니 다이어리는 여전히 니블리의 큰 사랑을 받고 있다. 채널이 안정될수록 우리가 받은 넘치는 사랑을 다시 니블리에게 돌려주는 방법을 고민하게 됐다. 단순히 선물을 나눠주는 것이 아니라 오래도록 기억에 남을 수 있었으면 싶었다.

의미도 있으면서, 간니 닌니와 함께 할 수 있는 일을 생각하고 또 생각했다. 그 과정에서 나온 아이디어 중 하나가 간니 닌니를 직접 만날 수 있는 아지트를 만드는 것이었다.

니블리 카페를 만들다

현재 간니닌니 다이어리는 홍대와 인사동 두 곳에서 문화 체험 카페 '간니닌니 아지트-니블리'를 운영 중이다. 아지트 이름을 어떻게 지을까 고민하다가 간니 닌니와 니블리들을 위한 공간이라는 기본에 충실하자는 뜻으로 구독자 명 그대로인 니블리 카페로 지었다.

홍대와 인사동에 카페를 만들게 된 이유는 간니 닌니가 다양한 체험을 하면서 많은 니블리의 관심을 받았던 곳이기 때문이다. 간니 닌니의 역사와 상징성이 있는 장소여서 그곳에 슬라임과 키링, 휴대폰 케이스 DIY, 가방 등을 만들 수 있는 공간을 만들고 조그마한 유튜브 촬영 스튜디오도 마련했다. 간니 닌니가 스튜디오에서 촬영하는 모습을 볼 수 있게 했고, 누구라도 촬영하고 싶으면 그 공간을 이용하도록 니블리에게 오픈했다.

옥상에는 아이들이 뛰어놀 수 있는 잔디를 깔았다. 주변에서는 내부 공간만으로도 충분한데 구태여 비용을 들여 옥상을 꾸밀 필요가 있느냐고 만류했지만 아이들이 뛰어놀 수 있는 공간이 있었으면 좋겠다는 내 의지는 확고했다. 그리고 내 바람대로 간니 닌니는 그 옥상 잔디밭에서 니블리와 신나게 뛰놀며 시간을 보내고 있다.

간니 닌니는 특별한 일이 없는 한 매 주말 아지트에 간다. 평일에는 학교에 가고, 주말에는 촬영하느라 아지트에 가는 것이 쉽지만은 않다. 가끔은 친구들이랑 놀고 싶기도 하고, 쉬고 싶기도 할 것이다. 하지만 간니 닌니는 자신들이 얼마나 많은 사랑을 받고 있는지, 자신들을 보기 위해 부산이나 대구 등 먼 곳에서도 친구들이 올라온다는 사실을 잘 알고 있다. 그래서 웃으며 니블리 친구들을 맞는다.

실제로는 처음 보는 친구들이지만 채널 안에서 이미 익숙하고 친밀한 관계여서 아이들 사이에는 어색함이 없다. 바풍 대회를 열기도 하고, 함께 하늘 정원에서 뛰어놀며 소중한 추억을 만들어 가고 있다.

새로운 가족의 탄생

나는 유튜브 채널 간니닌니 다이어리를 통해 모르는 사람이 친구가 되는 과정을 직접 경험했다. 유치원에 다닐 때 친구들에게 먼저 놀자는 말조차 하지 못했던 간니가 유튜브를 시작한 후 니블리의 가장 친한 친구가 되는 모습을 보았다. 가족의 경계가 확장되는 것을 느꼈다. 유튜브는 우리 가족을 변화시켰고, 우리 가족이 바라보는 세상을 더 넓게 만들어주었다.

우리에게 간니닌니 다이어리라는 놀이터와 니블리 카페라는 아지트가 생겼다. 이들 장소는 간니 닌니와 우리 가족만을 위해 존재하는 곳이 아니다. 니블리가 있기에 이곳이 빛나고 의미를 갖게 된 것이다. 니블리로부터 받은 응원과 사랑에 보답하기 위해 함께할 수 있는 일을 늘려 나가는 것은 나에게 있어 또 하나의 즐거운 미션이다. 아이들과 함께 유튜브를 운영하는 것은 우리 가족의 행복을 위해 시작한 일이었지만, 그 행복이 가족을 넘어 다른 이들에게 전달되고 있는 것에 마음 한구석이 찌릿해짐을 느낀다.

06

★

우리,
내일은
뭐 하고 놀까

워킹맘이었을 때 주말이 기다려졌던 이유는 출근하지 않아도 됐기 때문이다. 하지만 요즘은 아이들과 무엇을 하고 놀까 하는 생각에 주말을 기다린다. 아이들의 에너지는 어른들의 것과는 다른 차원이다. 어른은 분명 덩치도 크고 힘도 센데, 왜 놀 때만큼은 아이들의 체력을 따라갈 수 없는 것인지…. 그래서 부모들은 놀아 달라는 아이들의 요청에 겁을 먹기도 하고, 지치지 않는 에너자이저들과 놀아 주다가 먼저 나가떨어지기도 한다.

우리도 유튜브 채널을 운영하기 전까지는 여느 가족과 다르지 않았다. 아이들은 주체할 수 없는 에너지로 놀자고 졸라댔는데, 엄마 아빠는 힘닿는 데까지 놀아주다 그만 지쳐 쓰러지고 말았다. 항상 놀자고 제안하는 쪽은 아이들이었다.

그러나 유튜브 채널을 시작하고 상황이 역전되었다. 지금은 엄마 아빠가 주말에 뭘 하고 놀지 더 적극적으로 고민한다. 다른 유튜브 채널이나 인터넷을 보면서 아이들과 함께할 수 있는 새로운 놀이를 찾아낸다. 가볼 만한 곳을 검색하고, 애들에게 "갈래? 가자, 가자!"라고 권한다. 유튜브를 하면서 아이들과 노는 재미와 즐거움을 알게 된 것이었다.

대토론의 장, 인형 뽑기

'인형 뽑기'가 한때 선풍적인 인기를 누렸다. 인형 뽑기 가게들이 아직 골목상권을 장악하기 전 트렌드에 민감한 간니 닌니가 인형 뽑기를 해 보고 싶다고 졸랐다. 등짝 스매싱까지는 아니지만 인형 뽑기만큼은 말리고 싶은 게 솔직한 엄마의 마음이었다. '뽑히지도 않을 텐데, 돈 아깝게…' '뽑으면 인형 둘 데도 마땅찮은데…'라며 지극히 현실적인 걱정이 머릿속을 스치고 지나갔다.

웬만하면 말리고 싶어 온갖 이유를 들어 회유해 봤지만, 아이들의 고집 역시 만만치 않았다. 그러다가 결국 저렇게 하고 싶어 하는데 한번 하게 해주자는 남편의 설득에 넘어가고 말았다.

　며칠 동안 번번이 뽑기에 실패하는 아이들을 옆에서 지켜보며 쓰린 속을 달랬다. 그런데 즐거워하는 아이들의 표정을 보니 어쩐지 점점 마음이 동했다. 마침 주머니에서 2,000원을 발견했고, '나도 한번 해 볼까'라는 생각이 들었다. 그래서 직접 인형 뽑기에 도전했는데, 그게 뭐라고 그토록 긴장되는지…. '옆에서 볼 때 쉬워 보였는데, 왜 이리 어려워!' 채 일 분도 되지 않아서 2,000원을 잃고 망연자실할 틈도 없이 남편에게 현금을 받아 다시 "도전!"을 외쳤다.

　결국 우리 가족 모두는 인형 뽑기에 홀릭되었다. 아이들만 좋아했느냐, "NO". 엄마인 나만 좋아했느냐, 또 "NO". 인형 뽑기는 아빠가 가장 좋아했다.

　당시 간니 닌니 아빠의 최고 즐거움은 난이도가 높은 인형 뽑기에 성공하는 것이었다. 어려운 걸 뽑아서 좋은 게 아니라 아이들에게 선물할 잇 아이템이 생겨서이기도 했고, 옆에서 응원하는 간니 닌니에게 "역시 우리 아빠가 최고야!"라는 세상 뿌듯한 칭찬을 들을 수 있어서이기도 했다.

　가족이 함께 인형 뽑기를 하다 보면 대토론의 장이 펼쳐진다. 어떤 각도에서 집게발을 내려야 뽑을 수 있는지, 어디다 집게발을 놓아야 하는지 등을 얘기하다 보면 마치 스포츠 경기나 중계를 보는 것 같은 착각에 빠진다. 그리고 온갖 난관을 뚫고 작전에 성공해 대형 인형을 득템했을 때의 기분은 에베레스트를 정복한 것만큼은 아니지만, 그 순간만큼은 온 세상을 다 가진 듯했다.

인형 뽑기의 경우, 처음부터 영상 콘텐츠를 위해 기획하고 촬영한 건 아니었다. 하다 보니 가족 모두가 인형 뽑기에 빠져 재미난 시간을 보내게 되었고, 그것을 자연스럽게 일상 영상으로 올렸던 것이다. 이 영상에 대한 니블리의 반응은? 댓글에 인형 뽑기의 다양한 버전에 대한 정보와 뽑기의 기술, 응원이 넘쳐났다. 그렇게 니블리와 소통하다 보니 단순히 가족의 즐길 거리가 아니라 구독자들과 함께 인형 뽑기를 하는 기분이 들었다.

인형 뽑기는 아이들의 성화에 못 이겨 시작했지만 하다 보니 다른 사람들과도 즐거움을 공유할 수 있는 좋은 소재가 되었다. 또한 가족 간에는 대화의 장을 열어주는 매개체가 되었다.

물론 자녀와의 대화 시간이 꼭 인형 뽑기 같은 놀이를 통해서만 이뤄지는 것은 아니다. 그러나 아이들이 좋아하는 세계에 발을 내디디고 그것에 대해 이야기를 나누는 것은 일상적인 가족 간의 대화와 질적으로 차이가 있다. "우리 가족은 대화를 많이 해요"라고 말하는 집들도 자세히 들여다보면 학원 스케줄이나 짧은 공지, 일방적 질문이거나 일과에 대한 간단한 이야기인 경우가 많다. 부모 입장에서는 아니라고 말하고 싶겠지만, 아이가 느끼기에는 잔소리라고 여겨지는 그런 것들 말이다.

친구 같은 부모가 되는 방법

눈높이가 맞춰지고 마음의 문이 열린 상태에서 나누는 대화는 앞서 언급한 상황과 비교해 말하는 톤부터 대화 방법, 분위기까지 다를 수밖에 없다. 인형 뽑기를 하는 동안 아이들과 정말 많은 대화를 나눴다. 어른이 느끼기에 유치하고 말도 안 되는 아이들만의 유머와 개그 코드도 인형 뽑기를 하면서 들으면 웃음 지뢰가 빵빵 터졌다.

집이라면 학원에서 공부를 얼마나 했고 진도가 어디까지 나갔는지 얘기할 테지만, 인형 뽑기를 하면서는 시시콜콜하고 사소한 이야기가 주를 이루었다. 그러다 보니 엄마 아빠가 잘 알지 못했던 친구들의 이야기도 술술 나왔다. 자연스러운 장소에서 재미있는 놀이를 즐기며 아이들과 다양한 이야기를 나눌 수 있게 된 것이다.

수많은 인간관계를 경험하면서 가끔 "올챙이 적 생각 못 한다"라는 속담이 떠오른다. 유튜브를 하면서 이 속담이 사회생활에서만 적용되는 얘기가 아니라 모든 어른에게 해당되는 말이라는 생각이 들었다. 어릴 적 '엄마 아빠는 왜 우리가 원하는 걸 모를까? 답답해'라는 생각을 해 보지 않은 사람은 없을 것이다. 그런 생각을 했으면서 어른이 된 우리 역시 아이들의 생각, 아이들이 원하는 것을 잘 알지 못한다. 유튜브를 하면서 올챙이 적 생각을 하지 못하고 아이들의 생각을 어른의 관점에서 재단하고 답을 내리지 않았는지 반성해 보았다.

우리가 어릴 적 부모님에게 원했던 것이 무엇이었는지 생각해 보자. 어른의 눈높이에서 아이들을 바라보고 엇박자를 내기보다는 아이들의 세계 속으로 들어가 대화를 나누고, 이해하는 시간을 가진다면 아이들이 원하는 것을 수월하게 알아낼 수 있지 않을까.

이렇게 해서 아이들이 원하는 것을 알게 되었다면 부모가 먼저 아이들에게 손을 내밀어주었으면 좋겠다. 이해에서 멈추는 것이 아니라 아이와 함께 해 보는 것이다. 생각이 마음을 움직이고, 마음이 몸을 움직여 행동으로 나아가는 것이 중요하다. 이 과정을 거치면 권위적인 부모가 아니라 친구 같은 부모가 될 수 있다.

부모는 아이의 가장 친한 친구가 되어야 한다고 생각한다. 아이가 집에서는 입을 꽉 다물고 있다가 바깥에 나가 친구하고만 이야기를 나누는 것이 아니라 바깥에서 집으로 들어왔을 때 부모에게 수다쟁이가 되어야 한다. 사소한 이야기일지라도 자꾸 대화하다 보면 아이에게 어떤 어려움이 닥치거나 고민이 생겼을 때 쉽게 이야기를 나눌 수 있다. 친구들하고만 어울리는 것이 아니라 어렸을 때부터 부모와 이것저것 경험해야 청소년이 되고 성인이 되었을 때도 부모와 거리감이 없다. 친구 같은 부모가 되는 방법, 남편과 나는 유튜브를 통해 이 방법을 배웠다.

변화는 아주 작은 실천과 기회에서 시작된다. 우리는 유튜브라는 기회를 잡았고, 그 안에서 소소한 것을 실천해 나갔다. 아이들의 세계에 빠져드는 것은 그리 거창하거나 어려운 일이 아니다. 어린 시절 부모에게 무엇을 원했는지 생각해 보고, 잊고 지내던 동심을 꺼내기만 하면 된다.

아이들에게 "엄마랑 뭐 하고 놀래?" "엄마 아빠랑 뭐 하고 싶어?"라고 물어보고 주말에 3~4시간 정도 아이들이 원하는 걸 함께 즐겨 보자. 그 시간을 영상으로 기록한다면? 아이와의 대화가 자연스럽게 늘어나면서 친구 같은 엄마 아빠가 될 수 있다. 지금 옆에 있는 아이와 시선을 맞춘 채 "내일 우리 뭐 하고 놀까?"라고 물어보자.

간니닌니's
Photo Album

이름:

우리 가족이 다함께

봉사활동을 해서 너무 뿌듯해요~

앞으로 자주 해요

엄마 아빠 ~

엄	마		아	빠	가		내	가
좋	아	하	는		걸			
많	이		이	해	해	줘	서	
행	복	해	요	~				

간니닌니's
Photo Album

이름 :

크리에이터 되길

너우 잘한 것 같아요!

우리 니블리분들을
생각하면서 노래도
만들었어요.

"
부모는 아이들의 나침반이 되어주어야 한다.
부모가 원하는 대로 아이를 이끌고 가는 것이 아니라
아이가 바라보는 방향을 같이 보고,
아이의 걸음걸음을 곁에서 지켜보며,
그 걸음에 속도를 맞춰 함께 걸어가야 한다.
"

디지털 시대,
아이에게 필요한 7가지 키워드

긍정, 경청, 차이 존중, 인성, 주체성, 도전, 감사

01

★

슬라임에 빠진 아이,
괜찮을까요

'하지 마'보다 '해 보자'라고 말해주세요, 긍정

간니닌니 다이어리에서 꾸준히 인기를 얻고 있는 아이템이 있다. 몇 년 동안 폭넓은 층으로부터 사랑받고 있지만 엄마들에게는 등짝 스매싱을 날리게 만드는 최고의 주역 '슬라임, 액체괴물'이다.

손에 끈적끈적 묻어나는 이상한 녀석, 머리와 옷에 한번 달라붙으면 당최 난감해지는 최악의 녀석! 나 역시 아이들이 슬라임을 가지고 놀 때면 답답한 속을 달래야 했다. '도대체 저 장난감이 왜 좋을까?' 싶었다. 도무지 이해할 수 없는 아이들의 취향이었다. 그래서 내가 이런 슬라임과 특별한 인연을 맺게 될 거라고 전혀 생각하지 못했다.

마음의 평화를 가져다준 슬라임

간니는 슬라임을 참 좋아한다. 학교에서 돌아오면 슬라임만 붙들고 앉아 있어 엄마 입장에서는 좀처럼 이해하기가 어려웠다. 하지만 그 풍경마저 일상이었기에 가감 없이 카메라에 담고 업로드했다. 그런데 슬라임을 올릴 때마다 그 반응이 가히 폭발적이었다.

댓글 가운데 '간니도 슬라임 좋아하는군요! 나도 좋아해요! 반가워요!' '우리 엄마는 슬라임 엄청 싫어하는데, 간니 닌니는 좋겠어요. 엄마가 허락해줘서…'라는 내용이 많았다. 하.지.만 그 당시 나는 결코 슬라임을 허락한 적이 없고, 좋아한 적도 없다. 그런데 일상 영상을 올리는 것만으로 졸지에 슬라임을 좋아하는 엄마가 되어버리고 만 것이다.

니블리들에게 "난 슬라임이 싫어요"라고 솔직히 고백하지 못한 채 속만 끓이고 있던 때였다. 문방구에서 잠시 반짝 인기를 얻다 사라질 줄 알았던 슬라임의 수명이 지속되던 어느 날 새벽, 회사 일로 보고서를 준비하는데 집중은 안 되고 스트레스만 팍팍 쌓여 가고 있었다. 그때 간니 책상 위에 어지럽게 놓여 있는 슬라임 하나가 눈에 들어왔다. 나도 모르게 슬라임 하나를 손에 쥐고 조물조물하면서 멍한 정신으로 일을 하는데, 이게 웬걸! 머릿속을 짓누르고 있던 잡념이 사라지고 마음의 평화가 찾아오는 것이 아닌가.

'이건 무슨 조화지?' '이건 뭐지?'라는 놀라움도 잠시! 그 촉감과 소리에 아이들이 왜 슬라임에 빠지는지 이해되기 시작했다. 그 후로 슬라임은 나의 스트레스를 풀어주는 '손 껌'이 되었고, 간니 닌니는 훌륭한 슬라임 선생님이 되었다.

거절이 아닌 '왜?'
....

유튜브를 시작하기 전 나는 안 되는 게 참으로 많은 엄마였다. 아이들이 태어난 후 가장 많이 한 말이 "안 돼"가 아니었을까 싶다. "거기 가면 안 돼." "그런 거 먹으면 안 돼." "그런 거 가지고 놀면 안 돼." 위험한 순간이나 훈육을 위해 "안 돼"라고 말한 것도 있지만, 아이들이 크고 어느 순간부터 말을 잘 안 듣게 되자 좀 더 쉽게 케어하기 위해 "안 돼"라는 말을 사용했던 건 아닌지 자신을 돌아보게 되었다.

그때는 부모가 내뱉은 부정의 언어에 대해 크게 고민하지 않았다. 안 된다고 말하는 엄마들에게는 그 나름의 이유가 있다고 믿었다. 하지만 돌이켜 생각해 보니 어쩌면 그 믿음은 아이들의 세계를 온전히 이해하지 못하는 어른들의 핑계가 아니었나 싶다.

유튜브를 하면서 느낀 아이들의 세계 속 그들이 하고 싶은 것들은 단순하게 유행에 편승하고 싶은 심리 때문만은 아니었다. 슬라임

치럼 나름의 흥미를 유발하는 요소가 있었고, 이런 요소는 잘만 활용하면 아이들의 창의력이나 상상력을 키워주는 좋은 자극제가 되기도 했다.

아이들이 좋아하고 해 보고 싶어 하는 것을 무조건 안 된다는 말로 거절하기보다 우선 '왜'라는 질문을 던져 봐야 한다. 왜 그것을 하고 싶은지 대화를 나눠 보았으면 좋겠다. 좋은 점과 나쁜 점에 대해서도 부모와 아이가 가감 없이 의견을 나눌 수 있어야 한다.

아무리 생각해도 허락할 수 없다면, 무슨 이유 때문인지 아이가 납득하도록 설명해줘야 한다. 그리고 가능하다면 한 번쯤 아이가 원하는 걸 함께 '시도'해 봤으면 좋겠다. 어른의 생각으로 절대 이해할 수 없는 것도 함께하다 보면 아이들이 왜 좋아하는지 알게 되고, 그 세계에 함께 들어가면 아이들과 나눌 이야기도 많아진다. 무조건 말리고 반대했을 때 호기심이 왕성한 아이들은 포기하기보다 부모의 감시망을 요리조리 피해 어떻게든 시도해 본다. 이를 위해 아이들은 거짓말도 하고, 실제 나쁜 영향을 받아도 그것을 인지하지 못할 수도 있다. 때로는 자제력을 잃고 중독되는 사례도 있다.

'하지 마'보다 '해 보자'라는 말이 아이들에게 필요한 이유는 바로 '긍정의 언어'가 가져다주는 교육적 효과 때문이기도 하다. '하지 마'는 부정의 언어이며, 거절의 언어다. 부정의 언어는 아이들이 긍정적인 사고를 하는 데 방해가 된다. 부모에게 '안 된다'는 말을 많이 들고 자란 아이들은 자기 생각을 말하는 데 어려움을 느끼거나 두려워하게 된다. '또 거절당하면 어떻게 하지?'라는 생각이 은연중에 아이들의 머릿속에 각인되는 것이다. 그래서 어떤 일을 맞닥뜨렸을 때 그 일을 대하는 태도에도 영향을 미친다. 거절의 언어는 사람을 소극적이고 부정적으로 만든다. '어차피 잘 안 될 거야'라는 생각이 들어 먼저 포기해버리거나 소극적으로 대응하게 된다.

그렇다면 '해 보자'라는 긍정의 언어는 아이들에게 어떤 영향을 미칠까? 유연한 사고를 가능하게 하며, 도전에 대한 두려움을 이기게 해준다. 자신 있게 자기 의견을 내놓고, 실패와 마주하게 되어도 주눅 들거나 의기소침해지기보다 다시 일어설 수 있는 강한 멘탈을 가지게 해준다. '혼자'보다 '함께'한다는 것의 의미를 아이들에게 알려줄 수도 있다. 그리고 아이의 긍정적인 언어 습관을 만드는 데도 도움이 된다.

긍정의 언어가 가진 힘

아이들과 유튜브 채널을 운영하면서 가장 많이 하는 말이 "그럼 한번 해 볼까!"였다. 항상 새로운 것을 찾아내고, 도전하고, 시도해봐야 하는 우리 가족에게는 가장 필요한 말이다. 때로는 아이들이 찾아낸 소재를, 때로는 엄마와 아빠가 발견한 소재를 서로 공유하면서 "해 보자"고 말했다.

유튜브를 하지 않았다면 "안 돼!"라고 반대했을 일이 가족의 일상이 되고 체험이 되어 영상으로 나왔다. 그리고 구독자는 그 영상을 보고 우리처럼 "한번 해 볼까!"라는 말을 그들의 가족에게 건넨다. 그렇게 '해 보자'의 위력이 도돌이표처럼 돌고 돌아 부모도 자녀도 긍정의 언어를 주고받는 하루하루를 보냈으면 좋겠다.

직접 슬라임을 해 보고 그 즐거움을 이해하게 된 이후, 우리 가족의 대화에서 슬라임은 중요한 부분을 차지했다. 클리어 슬라임의 비율, 슬라임의 종류, 요즘 유행하는 슬라임, 슬라임 전문 유튜버들에 대한 이야기 등등. 슬라임 자체가 대화의 소재가 되기도 하고, 함께 슬라임을 만지면서 그날 학교에서 있었던 일을 나누기도 한다. 또한 슬라임으로 어떤 영상 만들면 재밌을까 등 대화가 끊이지 않는다. 뒷정리를 해야 하는 약간의 불편함만 감수한다면 슬라임은 우리 가족에게 정말 많은 것을 가져다준 보석 같은 존재다.

디지털 시대, 많은 사람과 소통하고 새로움을 경험해야 하는 아이들에게 중요한 덕목은 '긍정'이다. 긍정의 힘이 넘치는 아이로 키우고 싶다면 아이에게 무심코 던지던 말 한 마디부터 바꿔 보는 건 어떨까.

아이를 온전히 이해하고 싶다면, 아이들이 뭘 좋아하는지 알고 싶다면 제삼자 입장에서 듣기보다 직접 아이들의 세계에 빠져 보자.

오늘 아이가 "엄마, 이거 해 보고 싶어요"라고 말한다면 "안 돼"보다는 "그럼 한번 같이해 볼까"라는 말을 건네 보자. 긍정의 언어로 말하고 아이들의 세상에 뛰어들어 함께 체험해 보는 것, 유튜브가 그 시작을 도와줄 수 있다.

02

영상을 보며
늘 이해 못 할 말을 하는 아이,
어떻게 대화하죠

아이의 촉을 믿고 귀 기울여주세요, 경청

아이들은 엄마 아빠보다 유행에 더 민감하다. 그리고 새로운 것을 받아들이고 흡수하는 과정도 성인보다 빠르고, 자기 것으로 만드는 데도 탁월하다.

반면 어른은 이미 굳어버린 고정관념으로 유연한 사고를 하기가 어렵다. 또한 어른들에게는 세상의 기준에 맞춰 모든 일을 완벽하게 해내야만 한다는 강박도 있다. 나도 어른이지만 가끔 자신만의 사고에 갇혀 빠르게 변해 가는 세상에 제대로 적응하지 못하고 갇혀 지내는 부모를 볼 때면 안타까운 마음이 든다. 트렌드를 쫓아가지 못하고 여전히 아날로그 세상에 갇혀 사는 부모가 많다. 그러다 보니 디지털 시대를 사는 아이들의 시선은 오히려 부모가 세상을 배우는 창문이 될 수도 있다.

어른의 '공부' VS 아이의 '직감'

유튜브 시작 초반에는 나와 남편의 주도 아래 촬영 아이템이 결정되었다. 그때는 아이들이 어리기도 했고, 유튜브 채널에 대한 이해도 영상에 대한 이해도 많이 없는 상황이었다. 어른인 우리가 아이들의 길잡이가 되어줘야겠다고 생각했는데, 6개월 정도 지나자 상황이 역전되기 시작했다.

엄마 아빠가 스토리와 편집, 촬영에 심혈을 기울여 만든 영상은 반응이 영 좋지 못했고, 아이들의 아이디어로 채워진 영상은 열광적인 반응을 얻었다. 나름 아이들이 좋아할 만한 것을 열심히 찾아보고 기획도 나쁘지 않았다고 생각했는데, 어른의 '공부'가 아이들의 '직감'을 따라가지 못한 것이다.

엄마 아빠의 무릎을 딱 치게 만든 아이템은 '힐리스'였다. 어느 날 간니가 바퀴 달린 신발을 신고 싶다고 했다. 아무리 특이한 신발이라지만 그깟 바퀴 하나 달아놓고 왜 이리 비싼 건지, 게다가 국내에서 살 수 없고 해외 직구를 해야 하는 아이템이라 살짝 고민에 빠졌다. 비싸기도 비쌌고, 원하는 것을 무조건 사주는 부모는 되고 싶지 않았다. 하지만 얼리어답터인 남편은 아이들이 좋아하고 갖고 싶어 하니 사주자고 나를 설득했고, 어쩔 수 없는 엄마인지라 져주는 척 하며 넘어갔다.

그렇게 해서 바다를 건너온 힐리스. 아이는 새로운 아이템을 얻고 기뻐하며, 어디든 힐리스를 신고 다녔다. 주차장에서, 공원에서 힐리스를 신고 달리는 모습이 신나 보여 그 장면을 찍어 올렸는데, 이전에 엄마 아빠가 기획한 영상과 전혀 다른 반응이 나왔다. 힐리스는 일순간 구독자들의 관심을 한 몸에 받았고, 간니에게는 '힐리스 여신'이라는 수식어까지 생겼다. 아이템 자체도 인기였지만, 그와 함께 간니닌니 다이어리도 인지도가 올라가기 시작했다. 당시 구독자 수가 2~3만 명 정도 됐을 때였는데, 힐리스 영상을 올린 후 5~6만 명으로 급격하게 늘어났다. 조회 수 역시 흐뭇했다.

그 이후 다른 크리에이터들도 힐리스를 아이템으로 잡았고, 아이들 사이에서 붐이 일어나 우리나라에서 유사 브랜드까지 나왔다. 아이가 호기심에 "엄마, 이거 신어 보고 싶어요"라고 말한 것이 키즈컬처를 주도하는 트렌드가 된 것이다. 힐리스 외에도 스퀴시나 피젯스피너, 인스, 떡메, 중국 간식 탕후루도 모두 간니 닌니의 아이디어였다.

어른들에게는 이름조차 생소한 아이템을 아이들은 어디서 귀신같이 찾아오곤 했다. 유튜브 채널을 운영하지 않았다면 아이들이 흥미와 관심을 보여도 신경 쓰지 않았을 것 같은 아이템을 말이다.

종종 생각한다. 아이들의 이야기에 귀 기울이지 않았다면 과연 간니닌니 다이어리가 지금처럼 자리 잡을 수 있었을까? 스퀴시만 해도 그렇다. 스퀴시는 스펀지처럼 말랑말랑한 촉감을 가진 장난감인데, 누르면 천천히 쪼그라들었다가 서서히 원래 모습으로 돌아온다. 아이들이 스퀴시를 가지고 노는 모습이 일상 영상에 잠깐 등장했는데, 그게 큰 관심을 받아서 다른 크리에이터들 사이에서 유행이 되었다. 꼬치에 과일을 끼운 후 시럽을 묻혀 굳히는 탕후루도 아이들의 아이디어였다. 어디서 탕후루를 봤는지 한번 만들어 보자고 했고, 이것역시 영상의 아이템이 되었다.

아이들에게는 본능적으로 재미있는 것을 알아보는 감각이 있는 것 같다. 똑같이 유튜브를 살펴보고 인터넷 검색을 해도 엄마인 내 눈에는 도저히 안 보이는 것이 아이들의 눈앞에는 떡 하니 나타나는 걸 보니 말이다.

부모의 역할, 굿 리스너
....

나는 내 아이가 유행에 휩쓸려 다니길 바라지 않지만 유행에 뒤떨어지는 것 역시 원하지 않는다. 빠르게 변하는 디지털 시대를 살면서 세상의 변화 속도에 뒤처지지 않고 보조를 맞춰 걸어 나갔으면 좋겠다. 그러기 위해 부모는 아이들의 나침반이 되어주어야 한다. 부모가 원하는 대로 아이를 이끌고 가는 것이 아니라 아이가 바라보는 방향을 같이 보고, 아이의 걸음걸음을 곁에서 지켜보며, 그 걸음에 속도를 맞춰 함께 걸어가야 한다.

이를 위해 부모들에게 굿 리스너가 될 것을 제안한다. 평소 아이의 이야기에 얼마나 귀 기울여주고 있는지 한번 생각해 보자. 나만해도 유튜브를 시작하기 전에는 아이들의 이야기를 들어주는 것보다 일방적으로 말하는 것에 더 익숙한 엄마였다. 소통이 중요하다는 사실을 알면서도 아이들의 이야기를 귀 기울여 들어준다는 것은 쉽지 않은 일이었다.

아이들은 때때로 엉뚱한 소리를 하기도 하고, 앞뒤가 맞지 않은 이야기를 쏟아내기도 한다. 그러면 부모는 아이의 말이 답답하거나 이치에 맞지 않다거나 잘못됐다고 생각해 끝까지 들어주는 인내를 발휘하지 못한다. 아이가 얘기하는 잘못된 정보는 바로바로 고쳐줘야 한다는 생각에 아이의 말을 끊고 부모가 생각하는 올바른 정답을 알려준다. 아이가 엉뚱한 말을 하면 '말도 안 되는 소리야'라고 단정 짓고 자녀의 생각을 부정하기도 한다. 부모의 관점에서 쓸데없는 이야기라고 생각되면 가차 없이 대화를 끊어버리는 것이다. 이것은 굿 리스너와 정확히 반대되는 행동이다.

그렇다면 부모가 아이에게 굿 리스너가 되려면 어떻게 해야 할까? 무엇보다 먼저 아이의 말을 끝까지 들어주어야 한다. 그 말이 엉뚱하고 무의미하다고 해도 아이의 말을 중간에 끊는 행동은 삼가야 한다. 자녀가 잘못 알고 있다면 아이의 말이 다 끝나고 나서 그것에 대해 자세히 설명해주면 된다. 단순히 "그게 아니야!" "그건 틀렸어!" "잘못 알고 있는 거야!"라는 말만으로 끝나서는 안 된다.

나는 아이들이 엉뚱한 얘기를 해도 부모가 옳고 그름을 판단하는 것이 아니라 얘기 자체를 순수하게 들어주었으면 좋겠다. 개인적으로 아이와 아직 일어나지 않은 상황을 놓고 대화하는 것을 좋아한다. '만약에'라는 질문! 예를 들어 아이가 "내가 공부 안 하고 갑자기 그림 그린다고 하면 어떻게 할 거야?"라고 묻는다고 하자. 이때 단정적으로 대답할 것이 아니라 "그때 가 봐야 알지. 그림 그리고 싶어?"라고 되묻는 것이다.

아직 일어나지 않는 상황에 대해 부모의 생각과 의견이 아이의 사고를 좌우하고 결정에 영향을 미치지 않도록 조심해야 한다. 물론 실제로 무언가를 결정해야 할 순간이 온다면 부모의 조언이 필요할 수 있지만, 그전까지는 아이가 자신의 의지와 생각대로 움직이도록 해주고 싶다.

이런 대화 방법 때문인지 간니 닌니는 엄마에게 질문하고 자기 생각을 말하는 것을 어려워하지 않는다. 무슨 말을 해도 엄마가 편안하게 들어주고, 행동을 강요하지 않을 거라는 사실을 알고 있기 때문이다.

유튜브 채널을 운영하며 굿 리스너가 되기 위해 노력했다. 예전에는 회사나 가정에서 지시를 내리는 위치였다면, 유튜브를 시작하고 나서는 철저하게 듣는 입장이 되기 위해 애썼다. 지금도 여전히 내 아이들의 이야기를 듣고, 구독자의 생각에 귀를 기울이기 위해 노력하고 있다.

부모가 굿 리스너가 되면 아이들은 자연스럽게 굿 스피커가 된다. 소통의 기술도 습득할 수 있고, 무엇보다 상대를 이해한다는 것이 무엇인지 알게 된다. 또한 자유로운 사고를 할 수 있고 부모와 신뢰 관계를 쌓을 수도 있다. 내가 굿 리스너가 될 수 있었던 바탕에는 아이들의 감각과 생각에 대한 신뢰가 있었다.

아이들은 어른이 할 수 없는 생각을 하고, 어른의 눈에 보이지 않는 것을 감각으로 볼 수 있다. 아이들의 촉을 믿고, 아이들의 이야기에 귀 기울여주자. 아이들이 감각을 맘껏 펼칠 수 있도록 말이다.

03

★

늘 다른 아이보다
부족한 점만 보여요
'틀리다'가 아니라 '다르다'입니다, 차이 존중

이 세상에 똑같은 사람은 없다. 한 뱃속에 나온 자매도 생김새부
터 성격까지 천차만별이다. 간니는 손재주가 좋고 차분한 성격이고,
닌니는 애교 많은 끼쟁이다. 간니 닌니뿐 아니라 심지어 일란성 쌍
둥이도 자세히 살펴보면 조금 다른 부분이 있기 마련이다. 그러므로
열 사람이 있으면 그곳에는 열 사람의 다른 인생이 있고, 각기 다른
열 가지 개성이 있다.

키즈 크리에이터 유튜브 채널만 해도 그렇다. 저마다 다른 성향을
가지고 있으며, 아이들도 한 명 한 명 개성이 넘친다. 다른 채널을 볼
때면 여러 가지 생각이 든다. "저 아이는 말을 참 잘하네" "저 아이는

표정이 참 좋구나" "저 아이는 손재주가 있네" 등등. 꼭 키즈 크리에이터가 아니더라도, 부모라면 다른 아이들을 관찰하는 일에 익숙할 것이다. 일부러 보려고 하지 않아도 아이들의 같은 반 친구들, 학원 친구들, 동네 친구들이 보인다.

그런데 이상하게 우리 아이보다 뛰어난 부분이 눈에 잘 들어온다. 왜 옆집 아이는 우리 아이보다 공부를 잘하는 것인지, 아이의 짝꿍은 각종 대회에서 상을 받는 것인지…. 분명 내 아이가 더 잘하는 부분도 있는데 내 아이보다 성과가 좋은 친구들의 이야기가 귀에 쏙쏙 들어온다. 부모의 DNA에는 아이들 친구의 장점을 찾아내는 기능이 탑재되어 있는가 보다.

장점을 키워주자

부모는 다른 아이들과 자신의 자녀를 절대로 비교하면 안 된다. 자녀끼리의 비교와 차별은 더더욱 안 될 일이다. 어렸을 때부터 비교당하며 자란 아이들은 자존감과 자신감이 낮아진다. 타인의 시선을 더 많이 의식하는 사람으로 자라게 된다. 극단적으로 말해 아이를 다른 사람과 비교하는 것은 그 아이의 개성과 인격을 죽이는 일이다. 이때 아이들은 부모가 자신을 사랑하지 않는다고 생각할 수도 있다.

아이의 단점을 극복하기 위해 노력하기보다 장점을 발견하고 극대화시키기 위해 노력해야 한다. 아이들은 자신이 잘하는 한 분야를 정복하고 나면 부족한 부분까지 욕심을 내게 되는 경우가 많다. 장점을 극대화시켜 주면 자신감이 생기고, 그 자신감은 다른 분야로 확장되는 것이다.

키즈 크리에이터 유튜브 채널을 운영하며 가장 크게 느낀 것 중 하나가 세상에는 수많은 개성이 존재하고, 어떤 개성이 어느 지점에서 다른 사람들로부터 공감을 얻을지 모른다는 사실이다. 누군가는 우리 아이들의 평범함과 순수함을 사랑해주고, 또 다른 누군가는 다른 키즈 크리에이터의 능숙함과 독특함을 사랑하기도 한다. 그러므로 부모는 아이가 가진 개성을 발견하고 그것을 키워주는 역할을 해야 한다.

"아이들은 활동하는 순간 자신을 개성화한다"라는 말이 있다. 아이들이 다양한 활동을 경험해 보도록 유도하고, 그 안에서 발견된 아이의 개성을 존중해주어야 한다. 내 아이가 다른 아이들과 다른 점이 있다면 "다른 애들은 다 할 줄 아는데, 넌 왜 못 해?"라고 말하는 게 아니라 "너는 참 특별하구나"라고 말해주는 것, 이것이 부모의 역할이 아닐까 싶다.

부모가 아이의 개성을 존중해주면 아이는 자신을 긍정적으로 바라보게 된다. 긍정적 자아를 가진 아이는 어떤 일이 닥쳤을 때 적극적으로 행동하고, 자신의 단점을 숨기려 하지 않고 정면으로 마주한다. 또한 자신의 단점을 고치기 위해 노력하고, 어떤 일에 실패해도 쉽게 좌절하지 않는다.

'틀리다'는 차별, '다르다'는 존중

아이의 개성을 존중해줄 때 가장 긍정적인 측면은 아이가 '다름'을 인정하는 사람으로 자랄 수 있다는 것이다. 자신의 개성을 존중받으며 자란 아이는 타인의 개성을 이해하고 받아들일 수 있는 어른으로 성장한다.

거창한 이야기처럼 들릴지도 모르지만, 현재 우리 사회는 굉장히 불안정하다. 사회 곳곳이 갈등으로 얼룩져 자신과 다른 사람들을 배척한다. 성별이 다르다는 이유로 서로를 미워하기도 하고, 생각이 다르다는 이유로 상대를 공격하기도 한다. 세대 간에도 화합하지 못하고 소통하지 못한다.

이 모든 것이 '다름'을 인정하지 못하기 때문이라고 생각한다. '틀린'게 아니라 '다를' 뿐인데 그것을 알지 못한 채 서로에 대한 차별과 폭력으로 상처 주고 상처 입히는 상황이 계속해서 일어나고 있다.

그렇다면 이런 상황을 전환시킬 방법은 무엇일까? 지금 당장 현실을 바꿀 수는 없지만, 어렸을 때부터 '틀리다'와 '다르다'의 의미를 알게 해준다면 우리 아이들이 살아갈 미래가 좀 더 나은 방향으로 나아갈 수 있다고 믿는다.

아이들에게 알려주어야 한다. 다르다는 건 이상하거나 틀리거나 나쁜 게 아니라는 사실을 말이다. 다름은 차별의 대상이 아니라는 것을, 함께 어울려 살아갈 수 있는 존재라는 것을 말이다. 그 무엇도 높고 낮음이 없고 더 낫고 부족한 것도 없다는 사실을 말이다.

우리는 모든 존재를 있는 그대로 바라봐야 한다. 그리고 우리 자녀가 타인의 개성을 인정하고 다양성을 존중하는 편견 없는 아이로 자라도록 해야 한다. 아이들이 어른이 된 세상은 지금보다 다양성이 더 커질 테니 이런 사고방식이 반드시 필요하다.

우리는 유튜브 채널을 운영하면서 다양한 사람을 알게 되고 만나게 되었다. 유튜브를 비롯한 디지털 플랫폼은 다양성을 인정한다. 획일화되고 천편일률적인 콘텐츠는 사람들의 마음을 사로잡을 수 없다. 그래서 농사짓는 젊은이도 유튜브에 뛰어들고, 나이가 지긋한 어른도 유튜브 채널에서 자신의 존재를 뽐낸다. 우리처럼 아이들의 자연스러운 일상을 공유하는 채널도 사랑받는다.

유튜브 플랫폼 안에서 '다름'은 '틀린 것'이 아니다. 오히려 큰 장점이 된다. 유튜브 플랫폼뿐 아니라 세상과 사회에서도 아이들이 그것을 인정하고 받아들일 수 있는 어른으로 자랐으면 좋겠다.

'다름'을 인정하자

현재 우리 사회는 다양성을 인정하지 못하는 문제를 안고 있다. 그 원인으로 많은 사람이 초·중·고등학교 때의 획일적이고 일률적인 교육 시스템을 꼽는다. 빠르게 변하는 세상에서 개성을 존중하지 않는 교육은 아이들의 성장에 걸림돌이 된다. 디지털 시대에는 단순히 지식을 주입하는 교육이 아니라 지성, 감성, 인성이 어우러지는 개성을 존중하는 교육이 필요하다.

유튜브 채널 운영은 아이들의 개성과 창의력을 키우는 데 큰 도움이 된다. 스스로 상상하고 생각한 것을 디지털 기기와 플랫폼을 통해 직접 제작하고, 그 과정에서 얻은 지식과 경험을 다른 사람과 공유하는 과정 자체가 아이들에게 교육이 될 수 있다.

꼭 유튜브 채널 운영이 아니더라도 아이들이 하고 싶어 하는 일에 '틀린 것'은 없다는 사실을 알아주었으면 좋겠다. 법을 어기거나 나쁜 길로 빠지는 것이 아니라면 아이들이 원하는 것을 이해할 수 없더라도 '다름'으로 인정해주기를 바란다.

물론 아이들이 원하는 것을 개성이라는 명목 아래 전부 지원해줄 수는 없다. 때로는 아이의 개성을 키워주는 데 있어 현실적인 장벽에 부딪히기도 하고, 부모로서 이해하기 어려운 점이 있을 수도 있다. 하지만 물질적 지원보다 중요한 것은 진심으로 아이를 이해하고 존중하는 것이다. 아이들은 알고 있다. 부모가 자신에게 얼마만큼 관심이 있고, 자신을 얼마만큼 이해하는지.

부모가 아이를 있는 그대로 인정하고 사랑하는 것은 매우 중요하다. 남들처럼 사는 것이 아니라 아이가 자신을 지키며 살아가는 삶을 존중하고 응원해준다면 아이 역시 자신과 타인을 사랑하고 존중하는 인격체로 성장할 것이다.

04

아이가
폭력에 노출되면
어쩌죠

선한 영향력을 키워주세요, 인성

개성만큼 중요한 것이 아이의 인성이다. 아이들이 유튜브를 시청하거나 채널을 운영한다고 했을 때 부모들이 가장 걱정하는 부분은 잘못된 콘텐츠에 노출되거나 무분별한 악플에 시달리지 않을까 하는 것이다.

그렇다고 아이의 유튜브 사용을 금지하는 것도 현실적으로 어렵다. 세상은 시시각각 변해 가는데 언제까지 유튜브를 '악의 축'이라고 단정한 채 눈 감고 있을 수만은 없다. 오히려 생각의 범위를 넓혀 보면 유튜브가 아이를 선한 영향력을 주는 사람으로 키울 수 있는 도구가 될 수 있다고 생각한다.

마음을 행동으로 옮기도록

간니 닌니는 현재 국제구호개발 NGO '플랜코리아'의 크리에이터 최초, 최연소 홍보대사로 활동하고 있다. 플랜코리아는 어린이들이 빈곤에서 벗어나 잠재력을 발휘할 수 있는 세상을 만드는 NGO 단체다. 우연한 기회에 플랜코리아와 인연을 맺게 되었고, 얼마 전에는 베트남으로 봉사활동도 다녀왔다. 이전에도 다양한 곳에 기부를 해 오던 터였지만 아이들에게 기부, 봉사 등에 대한 개념을 직접 경험하고 피부로 느끼게 해준 특별한 경험이었다.

여행이 아니라 결연 맺은 아이들을 보기 위해 비행기를 타고 해외에 나간다는 것은 또 다른 설렘이었다. 그저 몸만 가서 사진을 찍고 오는 게 아니라 베트남 친구들과 즐거운 시간을 보내고 싶다는 생각이 들었다. 베트남으로 향하기 전부터 간니 닌니는 고사리 같은 손으로 연필, 노트, 스티커 등을 사서 하나하나 포장을 했다. 물론 결연 맺은 친구들의 선물은 좀 더 스페셜하게 준비했다.

베트남의 꼰뚬은 관광지가 아니어서 그곳까지 가는 길이 쉽지 않았다. 피곤하고 힘들기도 했을 텐데, 베트남 친구들을 만난 순간 간니 닌니의 얼굴은 긴장과 설렘으로 바뀌었다. 베트남 친구들은 그들의 방식으로 환영 파티를 해줬다. 처음에 간니 닌니는 조금 낯설어하는 듯하더니 얼마 지나지 않아 친구들과 스스럼없이 어울리기 시작했다.

아이들 사이에서 언어는 그리 중요하지 않았다. 말이 안 통하는데도 풍선을 불어주니 바로 배구 놀이를 하고, 비눗방울을 부니 모든 아이가 그 비눗방울을 잡겠다고 뛰어다니며 즐거워했다. '무궁화 꽃이 피었습니다' 놀이 역시 곧잘 따라 하며 즐거운 시간을 보냈다.

좀 더 나은 사람으로 키우기

봉사활동을 통해 이런 생각을 하게 됐다. '선한 영향력이라는 게 무엇일까?' '남을 돕는다는 게 어떤 걸까?' NGO 단체들의 후원 영상에서 기아에 허덕이는, 뼈밖에 남지 않은 아이들의 모습을 보곤 한다. 그들에게 도움의 손을 내밀어야 한다는 것을 알면서도 그런 극단적인 상황과 마주하게 되면 버겁지 않을까 하는 생각이 들었다. 그렇다고 해서 외면하기에는 죄책감이 들었다.

그런데 이번 베트남에서의 활동은 경제적으로 어려운 아이들을 돕는 것이 기부나 봉사활동의 전부가 아니라는 사실을 깨닫게 해주었다. 개발도상국이나 저개발국가 아이들이 좀 더 행복한 생활을 하고 교육 받을 수 있게 해주는 것, 이것 역시 의미 있는 일이었다.

베트남에 가서 그 아이들의 눈높이에서 교감하고 여러 놀이를 함께하면서 즐거운 시간을 보냈다. 처절하고 어려운 상황에 처한 사람을 돕는 것만이 봉사가 아니라 지금보다 좀 더 나은 사람이 될 수 있게 자신이 할 수 있는 작은 것부터 시작하는 것이 봉사라는 사실을 깨달았다. 우리가 직접 결연을 맺고 후원하는 것도 중요하지만, 그것보다 간니 닌니의 행동으로 선한 영향력이 퍼져 이런 활동에 관심을 갖는 사람이 늘어났으면 좋겠다. 우리 콘텐츠를 통해 베트남이나 개발도상국의 어떤 아이 한 명이 노트 한 권을 더 가질 수 있고, 어느 집 화장실 문 한 짝이 더 달릴 수 있었으면 좋겠다. 간니닌니 다이어리를 보는 구독자들이 "간니 닌니가 슬라임하니까 나도 할래요!"라는 말에서 "간니 닌니가 후원하니까 나도 해 볼래요!"라는 말을 하게 되기를 바란다.

나는 간니 닌니가 이런 봉사의 의미를 알고, 작은 것부터 실천하는 아이로 자랐으면 좋겠다. 사람들로부터 받은 사랑을 다른 사람들에게 되돌려줄 수 있고, 자신의 영향력에 대해 책임감을 갖고 행동하는 사람으로 자랐으면 한다.

'나'가 아닌 '우리'
....

아이가 '착한 사람'으로 자라는 것이 부모의 희망사항이었던 적이 있다. 하지만 요즘은 '착하다'의 뜻이 참으로 모호해졌다. 착하게 살면 다른 사람한테 이용당할지도 모른다는 생각이 팽배하고, 착하기만 하면 바보스럽다는 인식이 널리 퍼져 있다. 언젠가부터 아이들에게 "착하다"는 말은 더 이상 칭찬이 아닌 세상이 되어버렸다.

한 육아 전문가는 "착하다"는 말이 부모를 실망시킬까 봐 자신의 감정과 생각을 제대로 표현하지 못하는 아이를 만든다고 했다. 또 육아 예능 프로그램을 통해서도 부모가 지속적으로 "착한 애니까 양보해야지" 등의 표현을 했을 때 아이들이 자신의 감정을 억누르고 '착한 아이 증후군'을 겪는 모습을 봤다.

나는 아이들이 단순하게 '착한 사람'으로 자라기를 바라지 않는다. '착한 사람'이 아닌 '선한 사람'이 되었으면 좋겠다. 기본적인 예의를 지키고, 옳고 그름을 알며, 타인을 배려할 줄 알고, 올바른 인성을 갖춘 아이로 자라기를 바란다. 특히 디지털 시대에는 익명성을 보장 받으면서 온라인 속에 숨어 자신을 교묘히 감추고 타인을 공격하거나 비난하는 일이 너무 자주 일어난다. 그러다 보니 우리 아이들이 이런 폭력에 노출되지 않게 하는 것도 중요하지만, 그런 행동을 하지 않도록 키우는 것도 매우 중요하다.

이 세상 아이들이 선한 영향력을 가진 사람이 되었으면 좋겠다. 아이들의 시야가 넓어지고, 생각이 깊어지고, 세상을 바라보는 관점이 개인이 아닌 '모두'가 되길 바란다.

05

아이의 적성은
어떻게 찾아야 하죠

간택되기보다 선택하는 삶을 이야기해주세요, 주체성

요즘 취업난이 극심하다. 나 역시 IMF 세대이기에 몸소 경험한 바이지만, 취업난에 대한 뉴스가 나올 때면 예전 생각이 많이 난다. 대학을 졸업하자마자 터진 IMF. 기업의 모든 문이 닫혔고, 그때부터 기다림의 시간이 시작됐다.

제주가 고향인 내가 가방 하나 메고 서울로 상경해 친인척 한 명 없는 타지 생활을 시작했으니, 힘든 것이 당연했다. 그러나 그 당시에는 제주도가 너무 답답해서 섬을 벗어나고만 싶었다. 그렇기에 서울에서의 생활은 제주도로 다시 내려가지 않으려는 투쟁이기도 했다. 광고 학원에 다니면서 팔을 벌리면 양쪽 벽이 닿는 아주 조그마한 고시원에서 라면 한 봉지로 하루를 버티며 서울살이를 이어갔다.

도와 달라고 손 내밀면 얼마든지 손잡아주실 부모님이라는 걸 알았지만, 나 스스로 일어서고 싶었다. 지금도 그렇지만 부모님께 손 내밀고 도움을 요청하는 성격이 아닌지라 스스로 어려움을 헤쳐 나가고 싶었다. 역시 나는 생활력 강한 제주도 비바리의 피가 흐르고 있나 보다.

예전 유행가에 나오는 가사 같다고 하겠지만, 나는 내 삶을 스스로 선택하고 싶었다. 그리고 나의 아이가, 이 세상의 아이들이 그렇게 자라길 바란다.

아이 스스로 선택한 '기회'

지금은 자신의 삶을 자신의 의지대로 선택한다는 게 어려운 세상이 되어버렸다. 태어나면서부터 무한경쟁사회에서 세상이 정해놓은 기준과 잣대에 자신을 맞추다 보면, 자기 의지는 사라지고 갈대처럼 휘청거리게 된다. 게다가 너무 많은 선택지가 매 순간 눈앞에 나타나 결정을 더 어렵게 만들기도 한다.

어떤 사람은 이런 상황을 디지털 시대가 가져다준 수많은 기회의 문이라고 표현한다. 어느 정도는 동의하지만, 수많은 기회 앞에서 어디로 가야 할지 갈팡질팡하는 게 또 요즘 시대다. 그러다 보면 '기회'라는 문 앞에서 타인의 손에 이끌려 이리 들어갔다 저리 들어갔다 하다가 자신의 길을 잃어버리는 상황이 벌어지기도 한다.

주어진 기회를 붙잡고 성실하게 나아가는 것도 중요하지만, 내 경우에는 유튜브를 시작하고 나서 다음과 같은 생각이 더 확고해졌다. 스스로 기회를 만드는 삶이 더 중요하지 않을까 하는 생각 말이다. 그래서 아이들이 선택을 기다리는 것이 아니라 스스로 선택하는 삶을 살게 하고 싶다.

우리의 첫 번째 선택은 유튜브 채널을 운영하는 것이었고, 그 결과는 또 다른 선택의 기회를 만들어주었다. 아주 다양한 기회가 있었지만, 그중 조금 특별하게 기억되는 것이 아이들과 함께 만든 음원이었다. 작사, 노래까지 간니 닌니와 함께 우리 힘으로 해냈다.

유튜브를 시작하기 전이었다면 아이들과 음원 제작할 생각을 꿈에도 해 보지 못했을 것이다. 사실 그저 가족끼리 노래방에 가서 노는 것을 좋아하는 수준이었다. 그런 우리 가족이 어느 날 스튜디오 녹음실을 찾았고, 간니 닌니는 마이크 앞에서 노래를 부르고 있었다.

이 모든 프로젝트의 시작은 사소한 말 한 마디였다. 현재 닌니는 카툰 네트워크의 〈검볼〉에서 '아나이스' 역할을 맡으며 어린이 성우로도 활동하고 있다. 그날도 닌니가 애니메이션을 녹음하는 날이어서 녹음 스튜디오를 찾았다. 한쪽에서 닌니의 목소리를 듣고 있던 스튜디오 대표님이 "배에 힘이 있고 발성도 좋은데, 노래를 불러도 잘할 것 같네요. 노래를 해 보는 건 어때요?"라고 말하는 것이 아닌가.

그 이야기를 듣고 가만히 생각해 보니 노래를 잘 불러야지만 음반을 내고 노래할 수 있는 게 아니라는 생각이 들었다. 우리 가족은 일단 흥이 많고, 아이들은 가수처럼 잘 부르지 못하지만 노래하는 것을 좋아했다.

까짓것, 한번 해 보자

한번 해 보자는 생각이 들었지만 솔직히 막막했다. 아이들한테 노래할 수 있는 기회를 주기 위해 무엇을 어떻게 해야 하는지 머릿속에 그려지지 않았다. 그 분야에 아는 사람도 없어 한동안 어떻게 해야 할지 고민만 했다. 주변에서는 에이전시나 기획사, 음반사를 알아보라고 조언을 해주기도 했다.

집으로 돌아오는 차 안, 문득 여기저기 누군가에게 "우리 아이 노래 좀 들어봐 주시겠어요?" "우리 아이에게 곡을 주시겠어요?" "음원을 내주실 수 있나요?"라고 물어보고 간택되기를 기다리는 것이 우리 모토와 맞지 않는다는 생각이 들었다. '우리가 만들어도 되잖아!'

작곡은 우리가 할 수 있는 영역이 아니어서 작곡가 선생님을 통해 곡을 받고, 아이들과 함께 가사를 채워 나가기 시작했다. 간니는 "엄마, 그 단어보다는 다른 걸로" "이런 표현은 어때요?" "이 멜로디에 이 문장이 너무 좋은데요" 등의 이야기를 나누며 나와 함께 작사를 했고, 아직 어린 닌니는 노래 중간중간에 들어갈 추임새를 담당했다. 서로 아이디어를 주고받으며 "이 음에는 이 가사가 맞아"라고 티격태격 자기 주장을 펼치면서 생전 가 본 적 없는 음악 스튜디오에서 노래도 불러 보았다.

이렇게 해서 간니 닌니만의 오리지널송 4곡이 탄생했다. 간니닌니 캐럴송, 겨울아 부탁해, 슬라임송, 간니닌니 타이틀송! 노래에 맞춰 뮤직비디오를 찍고, 간니닌니 다이어리 채널에서 음원과 뮤직비디오를 공개했다.

노래는 니블리의 큰 사랑을 받았다. 뮤직비디오 영상의 댓글을 볼 때마다 음악으로 다른 사람들과 소통할 수 있다는 사실에 가슴 뿌듯했다. 특히 간니닌니 타이틀송은 우리 유튜브 채널의 정체성을 보여 주면서도 니블리에게 보내는 러브레터 같은 느낌이 들어 우리 가족도 좋아하고, 구독자들도 좋아해주는 노래다.

예전 같으면 노래 부르는 것은 가수나 음악가만이 할 수 있는 일이라 생각하고, 음원을 제작하는 것은 음반 회사에서나 가능한 일이라고 여겼을 것이다. 하지만 유튜브 채널을 운영하면서 무럭무럭 자란 도전정신은 "우리에게 불가능은 없다"라는 명언을 온몸으로 받아들이게 해줬다. 남이 주는 떡을 받아먹는 게 아니라 원하면 직접 떡을 만들어 먹으면 된다는 것을 알게 해주었다. 유튜브를 시작하고 '우리가 하고 싶으면 까짓것 한번 해 보는 거지'라는 마음가짐으로 모든 것을 대면할 수 있게 되었다.

나는 우리 아이들이 주체적으로 삶을 이끌어 나갔으면 좋겠다. 그저 눈앞에 있는 상황을 수동적으로 받아들이기보다 자기 삶을 개척해 나갈 수 있었으면 한다. 해 보고 싶은 일이 있다면 수동적으로 기회를 기다리는 것이 아니라 능동적으로 실천에 옮기는 사람이 되기를 바란다. 그리고 지금의 경험들이 그런 힘을 키우는 바탕이 될 것이라고 믿는다.

품 안의 자식으로 키우지 마라

유튜브 채널을 운영하면서 다양한 기회를 만난 것은 행운이었다. 하지만 행운이 단순한 '운'에 머물지 않도록 만든 데는 스스로 '선택' 하려는 노력이 있었다. 다른 사람들의 말에 휘둘리지 않고 능동적으로 기회를 잡고, 또 넓혀 나갔다. 우리 가족 모두의 노력이 있었기에 가능한 일이었다.

또 한 가지! 절대 부모의 뜻이나 의지를 아이의 '선택'이라고 착각하지 않으려고 노력했다. 때로는 부모의 선택과 아이의 선택이 다를 수도 있다. 그때 부모는 아이가 선택하는 데 있어 도움을 주는 역할만 할 뿐 절대 선택을 강요해서는 안 된다.

유튜브 채널을 운영하면서 초기 6개월 정도는 남편과 내가 주로 이끌었지만, 그 이후에는 아이들과 함께 의논하며 아이들의 주장에 귀 기울이는 일을 소홀히 하지 않았다. 부모는 맹목적인 지원이 아니라 대화를 통해 함께 만들어 나가고 아이가 능동적으로 자신의 삶을 이끌어 나가도록 도와주어야 한다.

지금 간니는 자신만의 비공개 독자 채널을 운영하며 꽤나 의미 있는 구독자 수와 영상 조회 수를 기록하고 있다. 부모의 도움을 받지 않고 기획부터 촬영, 편집까지 혼자 책임지는 진짜 키즈 크리에이터로 활동하고 있다. 열세 살 어린 나이지만 능동적으로 자신의 삶을 꾸려 나가고 있는 것 같아 엄마로서 가슴 한구석이 뜨거워진다.

아이들을 언제까지나 품 안의 자식으로 키울 수는 없다. 부모가 아이의 삶을 좌지우지한 경우, 아이들은 성인이 되어서도 선택을 어려워한다. 인생을 살면서 마주하게 되는 수많은 문제 앞에 결정장애가 있는 사람처럼 고민하고 괴로워한다. 아이가 이렇게 성장하길 바라는 부모는 아마 없을 것이다. 그러므로 아이들이 독립적이고 진취적인 삶을 꾸려 나갈 수 있도록 부모는 아이들에게 능동적인 삶의 태도와 방향성을 제시해주기 위해 노력해야 한다.

06

★

유튜버가
되겠다는 아이를
말려야 할까요

새로운 경험을 멈추지 않게 해주세요, 도전

　요즘 자녀가 유튜브를 하는 것에 대한 부모님들의 질문이 참 많다. 그런데 한 가지 이상한 점은 질문인데도 물음표가 아니라 '…'으로 끝난다는 것이다. "우리 애가 유튜브를 한다는데…" "우리 애가 유튜브를 하고 싶다는데…"라는 식으로 물음표가 없는 질문을 하는 것이다. 나는 부모님의 질문이 "우리 애가 유튜브를 한다는데, 저는 무엇을 하면 될까요?"라고 끝맺었으면 좋겠다. 이 질문을 받을 때마다 "시켜 보세요. 그리고 부모님도 옆에서 지원해주세요. 아주 훌륭한 경험이 될 거예요"라고 대답한다.

　누군가가 말했다. 자녀가 여덟 살이 되기 전까지 최대한 많은 경험을 할 수 있게 해주어야 한다고 말이다. 그때의 경험은 뇌 발달과 자녀의 호기심, 도전정신을 키워주는 데 큰 도움을 준다고 한다. 뇌에는 신경 세포를 연결하는 시냅스가 있는데, 외부로부터 새로운 자극을 주면 이 시냅스가 늘어나고 복잡화되면서 정보 처리 속도가 빨라진다고 한다. 영유아기에 이런 시냅스의 발달이 가장 활발하게 일어난다는 것이다. 꼭 이런 의학적이고 전문적인 정보가 아니더라도 어린 시절 아이들과의 다양한 경험이 좋다는 것은 모두 알고 있다. 다만 시간이 없다거나 경제적으로 여유가 없다거나 하는 이유로 실천하기가 어려울 뿐이다.

경험을 얕보지 마라

나 역시 전문적 지식은 없어도 아이들과 많이 돌아다녀야 한다는 생각을 갖고 있었다. 평일에는 아이들의 육아에 세심하게 신경 쓰지 못하는 워킹맘이었지만, 그래도 주말에는 아이들을 데리고 어디라도 다니려고 나름 애썼다. 비록 현실은 연간 회원권을 끊어 놀이동산에 가는 게 전부이기는 했지만 말이다.

그랬던 우리 가족이 다양한 경험을 하게 된 것은 여러 번 이야기했듯 유튜브를 시작하면서부터다. 다양한 경험을 하면서 영상을 찍기도 했고, 영상을 찍기 위해 이런저런 활동을 하기도 했다. 그렇지만 무엇이 선이고 후인지는 그리 중요하지 않은 것 같다. 중요한 것은 그런 경험을 통해 아이들의 호기심과 도전정신이 확연히 늘어났다는 사실이다.

학교에서, 학원에서, 책을 통해 배우는 것은 한계가 있다. 책상에 앉아 하는 공부는 지식을 습득하는 것뿐이다. 하지만 아이들은 지식 외에 배워야 할 것이 너무나 많다. 그리고 지식 역시 활자로 익히는 것보다 직접 경험하고 눈으로 보는 것이 더 효과적일 때도 있다. 예를 들어 학교에서 자연에 대해 배운다고 해도 실제로 동물을 만져보거나 산과 바다를 다니는 것과는 다르다. 그래서 박물관, 동물원 등 다양한 곳에 가서 아이들이 직접 보고 듣고 체험하도록 하는 게 중요하다. 물론 매주 아이들과 어딘가를 가는 게 어려울 수도 있다. 그땐 거창하거나 대단한 곳이 아니어도 좋다. 그저 집 앞에 있는 공원을 함께 산책한다거나 재래시장에 가 본다거나 하는 경험도 집 안에만 있는 것보다 훨씬 낫다. 경험이 다양해지면 아이는 세상을 바라보는 시야가 넓어지고, 직접 보고 들은 게 많아서 표현력도 좋아진다. 그리고 모험심도 강해질 수밖에 없다.

자라는 동안 아이들이 많은 도전을 했으면 좋겠다. 우리 가족에게 유튜브도 하나의 도전이었는데, 이 도전을 통해 아이들에게 많은 기회가 생겼다. 다이아TV에서 키즈 크리에이터들과 함께 디지털 방송 예능에 출연하고, 투니버스 웹드라마에 깜짝 출연도 했다. 캠페인 광고 영상, 어린이 성우 활동, 음원 제작, 화보 촬영, 각종 언론 인터뷰는 물론 매년 다이아페스티벌처럼 큰 무대에도 서고 있다. 간니 닌니에게 이러한 새로운 도전과 기회들이 평생 잊지 못할 인생의 큰 경험이 될 것이라고 확신한다.

새로운 경험에 도전하라

무언가를 경험하는 데 있어 의미 없는 일은 없다. 어떤 경험을 했다면 나중에 어떤 식으로든 영향을 미친다. 큰 의미 없이 시작한 경험이 적성을 찾아주거나 누군가에게 큰 울림을 줄 수도 있다.

닌니는 성우 활동을 하면서 재능을 발견한 경우다. TV 애니메이션으로 시작해 얼마 전에는 영화 애니메이션 더빙까지 했다. 아직 어린 나이여서 이것이 적성이라고 단정 지어 말할 수 없고, 아이의 꿈을 부모가 함부로 결정할 수도 없다. 그래도 내 아이가 무엇을 잘하는지 알게 되었다는 것만으로도 큰 성과였다. 개인적인 것은 아니지만 간니 닌니의 여러 경험 가운데 뮤직비디오 촬영도 기억에 남는다. 다이아TV에서 키즈 크리에이터의 이야기를 다룬 5편의 뮤직비디오 〈행복의 씨앗〉을 제작했는데, 그중 키즈 크리에이터의 실화를 바탕으로 구성된 뮤직비디오 한 편에 출연했다. 뮤직비디오를 촬영한 것 자체도 즐거운 경험이었지만, 키즈 크리에이터들의 성장, 변화, 선한 영향력에 대한 메시지를 전달할 수 있다는 것이 더욱 좋았다. 이런 새로운 경험과 도전은 어떤 식으로든 의미를 만들어낸다. 단순한 즐거움에서 적성을 찾아내기도 하고, 의미 있는 메시지를 전달하는 수단이 되기도 한다. 아이들과 유튜브 채널을 운영하면서 만족도가 가장 높은 것을 꼽으라고 한다면 서슴없이 이 경험과 도전을 이야기할 것이다.

디지털 시대에 뉴 플랫폼은 아날로그 세상보다 많은 경험과 도전의 문을 열어주고 있다. 예전에 아이가 글을 잘 쓴다면 그 재능을 드러낼 방법은 문집이나 백일장 대회 같은 것밖에 없었지만 지금은 블로그에 올려 세상에 공개할 수 있다. 방송과 관련된 경험을 하고 싶다면 직접 콘텐츠를 만들어 유튜브에 올리면 된다.

가치 없는 경험은 없다

끊임없이 경험하고 도전하고 시도해 보았으면 좋겠다. 물론 누군가는 이렇게 말할 수도 있다. 원하는 것을 어떻게 다 하고 살 수 있느냐고 말이다. 도전하고 시도하다가 계속 실패하면 어떻게 하느냐고 말이다. 수습하기도 어려운데 여러 가지 일을 벌이는 것보다 한 가지 일을 꾸준히 하는 게 더 좋지 않느냐고 말이다.

맞는 말일 수도 있다. 하지만 우리 모두는 한 우물만 계속 판다고 해서 물이 나온다는 보장이 없다는 것을 알고 있다. 여기저기 파 봐야 물 나오는 곳을 더 빨리 발견할 수 있고, 한 군데서만 나올 줄 알았던 물이 여러 곳에서 나올 수도 있다. 그리고 실패를 통해 사람은 성장하고 발전하는데, 실패해도 오뚝이처럼 다시 일어날 수 있는 힘은 다양한 경험을 통해 얻을 수 있다는 사실을 기억해야 한다.

이 세상에 가치 없는 경험은 없다. 아이들이 학교 안에서, 학원 안에서, 집 안에서, 책상 앞에만 앉아 우물 안 개구리로 사는 것보다 항상 세상과 마주하며 살아 나갔으면 좋겠다. 좀 더 넓은 세상을 꿈꾸며 겁내지 말고 한 걸음 한 걸음 나아갔으면 좋겠다. 이때 부모는 가장 든든한 조력자가 되어 아이들이 다양한 경험을 할 수 있도록 이끌고 응원해줘야 한다.

07

★

아이에게
무엇이 가장
중요할까요

행복의 가치를 알게 해주세요, 감사

"인생을 살면서 가장 행복했던 순간이 언제예요?"

이 질문을 받고 순간 뭐라고 대답해야 할지 머리가 멍했다. 내가 가장 행복했던 순간이 언제였지? 인생에 터닝 포인트가 되었던 순간을 꼽으라면 그건 말할 수 있는데, 가장 행복했던 순간을 꼽는 것은 너무 어려웠다. 왜냐하면 늘 행복했으니까. 어쩌면 너무 교과서 같은 말이라 믿음이 안 갈 수도 있겠지만 정말 그랬다.

어떤 사람은 돈이 많았을 때가 가장 행복하다고, 어떤 사람은 권력을 얻었을 때가 가장 행복하다고 대답할 수 있다. 이처럼 사람마다 행복에 대해 세워놓은 잣대가 있다.

나는 부모님의 딸로 태어나 그리 어렵지 않은 가정환경에서 자란 것도 감사하고, 무엇보다 화목한 가정에서 컸다는 것도 감사하다. 결혼하고 한 남편의 아내가 된 것도 감사하고, 두 아이를 낳아 엄마로 살게 된 것도 감사하다. 일할 수 있는 나이에 열심히 회사를 다니고 어느 정도 지위에 올라간 것도 감사하고, 그 일을 그만두고 아이들과 가족을 위한 일에 뛰어들게 된 것도 감사하다. 매일의 평범한 일상도 감사하다. 모든 일에 감사하는 나의 이런 성향은 엄마에게 물려받지 않았을까 싶다.

아이의 '행복'을 배앗는 부모의 욕심

우리 집은 제주도에서 과수원을 했는데, 엄마는 새벽 4시에 일어나 모든 일을 해내셨다. 집안일을 해주는 사람이 없어 과수원에서 일하고 돌아오면 서둘러 아빠의 식사를 차려야 했다. 육체적으로 힘들 수 있는 상황임에도 활발하고 사교적이던 엄마는 바깥 활동도 소홀히 하지 않으셨다. 어멍 무용단을 만들어 활동하기도 하셨다. 언젠가 엄마에게 "안 힘들어요?"라고 물은 적이 있다. 그때 엄마는 이렇게 말씀하셨다.

"힘들지. 너무 힘들지. 근데 힘든 걸 힘들다고 말하면 일 못 해. 이렇게 일할 수 있다는 게 얼마나 감사하고 행복한 일인데. '아이, 좋다'라고 해야지 반이라도 하는 거야."

이 말을 귀에 못이 박히도록 듣고 자라서 그런지 매사에 긍정적으로 생각하고, 행복을 최고의 가치로 여기고 사는 게 당연한 사람이 되었다. 살면서 힘든 순간과 고비가 있지만, 그건 잠시 잠깐 버티고 이겨내면 되는 인생의 파도 같은 것이고, 그 파도를 넘고 나면 곧 잔잔한 평화가 찾아온다.

간니는 태어날 때 심장에 구멍이 있었다. 태어나고 몇 달 있다가 소아과에 갔는데 의사가 "심장 소리가 이상하네요. 큰 병원에 가 보세요"라고 말했다. 큰 병원에 가 보니 심실중격결손이었다. 시간이 흐르면 자동으로 닫히는 아이가 있고, 봉합 수술을 해야 하는 아이도 있다고 했다.

그때 조그맣고 여린 아이를 앞에 두고 부모가 할 수 있는 건 기도뿐이었다. 지켜보는 것밖에 할 수 있는 일이 없었다. 일 년 후 다행히 구멍은 저절로 닫혔고, 간니는 건강한 아이로 자라고 있다. 그 후로 아이가 건강하게만 자라주면 좋겠다는 생각을 많이 했다. 부모에게는 사실 자식이 건강하게 크는 것만큼 중요한 게 없다. 그러나 아이가 자라나면서 생각해 본 적 없는 욕심이 하나둘 생겨난다.

'건강하게만 자라 다오'를 외치던 부모도 아이가 학교에 들어가고 다른 아이들과 경쟁하게 되면 '내 아이가 다른 애들보다 공부를 잘

했으면…' '내 아이가 선생님께 칭찬을 받았으면…' '내 아이가 학급에서 다른 아이들의 인정을 받았으면…'라는 생각을 하게 된다.

그리고 고학년이 될수록 이런 바람은 점점 강해진다. 상위권 성적을 유지하고, 좋은 대학에 가고, 대기업에 취직하기를 바란다. 내 아이가 경제적으로 안정된 삶을 살고, 사회에서 인정받는 위치에 오르길 바라는 건 당연한 일이다. 이걸 나쁘다고 말할 수는 없다. 하지만 무엇이 더 중요하냐는 질문에 대답이 '행복'이기를 바라는 것이다.

나는 우리 아이들의 가치가 '행복'에 있었으면 싶다. 그리고 그 행복이 '성적'이나 '돈', '권력이나 지위'보다 '건강'과 '일상'이기를 바란다.

"지금 행복하니"

아이들이 키즈 크리에이터로 살면서 '돈'이나 '인기'라는 가치를 추구하길 바라지 않는다. 즐겁고 행복해서 하는 일이 되어야지, 다른 목적이나 이유를 가지길 바라지 않는다.

남편과 나의 원칙 중 하나는 '아이들이 힘들다고 말하는 순간 유튜브를 그만두겠다'이다. 키즈 크리에이터 유튜브 채널의 숙명이기도 하지만, 이것은 아이들이 원치 않으면 할 수가 없다. 아이들이 힘들고 행복하지 않다면 부모로서 이 일을 계속하도록 해선 안 된다고 생각한다. 그만큼 아이들의 행복이 우선이다.

유튜브를 떠나 일상에서도 마찬가지다. 가끔 아이들이 짜증을 내거나 투정을 부릴 때, 무언가 사달라고 조를 때 가장 많이 하는 이야기가 "우리 작은 것에 감사할 줄 알자"이다. 사실 아이들이 바라거나 사달라는 것을 부모가 다 해줄 수는 없다. 그때는 안 되는 이유에 대해 정확하게 설명해주고 "현재에 감사하자"는 말을 꼭 덧붙인다. 현재에 감사할 줄 모르는 사람은 행복을 느낄 수 없다. 감사가 한 개인의 인성을 위해서도 필요하지만, 인간관계를 아름답게 만들 수 있는 요소라고 생각한다.

어찌 보면 감사함을 표현하고 행복을 추구하는 삶을 살도록 아이를 가르치는 것은 당연한 일일지도 모른다. 하지만 행복의 기준이 사람마다 다르고, 행복이라는 가치가 너무 당연시되어 아이들에게 행복을 말하는 것을 놓치고 살아가기도 한다.

나는 나의 엄마로부터 배운 행복의 가치를 두 딸에게 항상 이야기해주고 있다. 타인의 시선을 의식하지 말고, 다른 사람들이 말하는 기준에 휘둘리지 말고, 우리만의 '행복'을 찾아 살아가자고 말이다. 현재 우리가 사는 이 순간이 모두 행복이며, 행복은 다른 곳에 있지 않다고 말이다.

이름 :

니블리봇들이

항상 응원해 주셔서

너우 행복해요 .

하	고		싶	은	게		
많	아	서		내	일	이	
기	대	돼	요	.			

이름 :

니블리분들 너무 사랑해요 ~

오늘 하루도 행복합니다.

감사합니다.

니	블	리	분	들		너	우	
사	랑	해	요	~				
감	사	해	요	~				
알	러	뷰		하	트	뿅	뿅	

"우리 가족은 유튜브를 시작하고
'진짜 가족'이 되었다"

시작은 미약했다. 가족끼리 추억을 만들고, 그 추억을 앨범으로 간직하고 싶어 영상 일기를 시작했고, 그것을 서랍 안에만 넣어두고 싶지 않아 '유튜브'라는 플랫폼을 선택했다. 평범한 일상을 다른 사람들이 어떻게 봐줄까 궁금했는데, 생각보다 많은 사람이 우리의 이야기에 귀 기울여주고 간니 닌니를 좋아해주었다. 하지만 그 누구보다 영상을 좋아한 사람은 우리 가족이었다.

하루하루 변해 가는 아이들의 모습을 유튜브로 기록하면서 아이들의 내일이 궁금해졌고, 그만큼 아이들의 어제가 그리워지기도 했다. 아이들이 크는 속도가 너무 빨라 눈에 담고 싶고, 마음에 담고 싶은 모습들이 화살처럼 지나갔다. 그림일기를 시작했을 때 당시 아이들의 모습을 기록하고 싶은 마음이었는데, 영상 일기도 마찬가지였다. 아이들이 자라는 순간순간의 모습을 영원히 남겨두고 싶었다. 변하지 않는 그 순간 아이들의 모습을.

내 아이와 '유튜브'를 하는 중입니다

이런 마음을 담아 간니닌니 다이어리 채널의 컨셉을 일상으로 정했다. 지금까지 아이들의 소소한 모습을 담으며 많이 행복했다. 그러나 지금 아이들의 일상은 채널을 처음 시작했던 3년 전과 많이 달라져 있다. 간니는 내년이면 초등학생이 아닌 중학생이 되고, 닌니는 고학년이 된다. 아이는 그렇게 자랄 것이고 채널의 메인 시청 자층인 또래 친구들도 성장할 것이다.

우리는 지금 변화의 시기에 서 있다. 3년 전이라면 그 변화가 두렵고 겁이 났을지도 모른다. 사실 3년 전에는 내 아이들에 대해 잘 알지 못했다. 회사 일에 치여 아이들의 삶을 제대로 살피지 못했던 엄마였다. 그러나 지금은 다르다.

아이와 같은 방향을 향해
함께 걸어가는 방법

우리가 살아가는 세상은 누군가 만들어놓은 관념, 스스로가 만들어놓는 기준 아래 놓여 있다. 나 역시 '내 삶의 주인공은 나야!'를 부르짖으며 지금껏 살아왔지만, 돌아보면 누군가 만들어놓은 기준에 도달하기 위해, 인정받기 위해, 세상에서 낙오되지 않기 위해 벼랑 끝에서 늘 긴장하며 살아온 것 같다. 그런 삶을 살아왔기에 더더욱 유튜브의 세계는 나를 제대로 각성시켰다.

지금은 간니닌니 다이어리가 어떻게 변할지 기대된다. 나는 지난 3년간 아이들을 관찰하는 법을 배웠고, 그 시기의 아이들이 무엇에 관심이 있는지 지켜보았다. 내 아이가 어떤 지점에서 즐거워하고, 무엇에 흥미를 느끼는지 이제는 눈빛만 봐도 알 것 같다.

최근 간니는 패션에 관심이 많아졌다. 직접 영상을 편집하는 것에도 흥미를 느끼고 있다. 만약 언젠가 간니가 패션과 뷰티에 본격적으로 눈을 뜬다면 패션 뷰티 아이덴티티를 가진 채널을 별도로 만들고, 요리에 관심이 생긴다면 요리 아이덴티티를 가진 채널을 만들 수도 있다고 생각한다. 이렇게 아이들의 변화에 맞추어 그 모습을 달리할 수 있는 채널로의 변화가 나 역시 기대된다.

유튜브 채널은 변화하지 않으면 안 된다. 카멜레온 같은 모습을 가지고 있어야 한다. 줏대 없이 유행에 흔들리라는 것이 아니라 자연스럽게 변화의 흐름에 몸을 맡길 줄도 알아야 한다. 그러려면 지금 세상이 어떻게 변하고 있는지 관심 있게 지켜봐야 한다. 지금 세상 사람들이 좋아하는 게 무엇인지, 트렌드에 뒤처진 사람이 아니라 트렌드를 선도하는 사람이 되어야 한다.

내 아이의 미래 보험이 되어줄 수 있고, 키즈 크리에이터와 그 가족들의 삶에 영향을 줄 수 있고, 채널을 시청하는 다른 아이들의 삶에도 영향을 줄 수 있는 유튜브. 이제 유튜브를, 키즈 크리에이터를 'memory'의 시선으로 바라보길 바란다.

우리 아이들이 스스로 기준을 만들어 가는 삶을 살아가길,
타인이 만든 관념에 따르기보다는 주체적인 삶을 느끼고
늘 새로운 것에 도전하길,
우리 아이들의 이런 성장을 바라는 것처럼
엄마 아빠도 그렇게 아이들과 함께 성장하길 바란다.

Thank's to

방송과 엔터테인먼트 분야에서 오랫동안 일해 온 나에게 유튜브는 말 그대로 B급 플랫폼이라는 인식이 강했습니다. 어쩌면 그랬기에 깊이 고민하지 않고 '재미있게 한번 해 보자!'라는 생각을 할 수 있었던 것인지도 모르겠습니다. 가족과 함께하는 새로운 놀이쯤으로 여겼던 것이죠. 이렇게 시작한 놀이로 가족이 어떻게 해야 행복한 관계를 맺어 나갈 수 있는지 배웠습니다.

그 시작은 "우리 유튜브 채널을 한번 만들어 볼까?"였습니다. 무모한 도전을 함께 해준 영원한 내 짝, 남편에게 고맙습니다. 아이들의 일상으로 영상을 만들고, 매일 편집 스트레스에 시달리면서도 가족과 함께해서 행복하다고 말해주는 남편 덕분에 용기를 얻고 새로운 도전을 할 수 있었습니다. 같은 곳을 바라보면서 지금처럼 한 걸음 한 걸음 인생의 길을 함께 걸어갈 수 있기를 늘 소망합니다.

"아프지 말고 건강하게! 의리, 정, 사랑으로 오래오래 함께합시다."

그리고 우리 채널의 아이덴티티이자 나의 새로운 꿈인 아이들, 가흔이와 리흔이에게도 고마운 것이 참 많습니다. 엄마의 모든 것을 '처음'화시켰던 첫째 가흔(간니)! 가흔이를 통해 엄마라는 자리를 경험하면서 나 자신의 부족함도 알게 되었고, 어떻게 해야 좋은 엄마가 될 수 있는지 많이 고민했습니다. 또한 우리 가족이 새로운 도전을 하게 된 계기도 되어주었죠. 모든 시작은 가흔이가 있었기에 가능했습니다.

"동생을 잘 챙기는 의젓하고 속 깊은 딸로 자라주어 고마워, 가흔아! 사랑해."

가흔이가 시작의 이유라면 리흔이는 계속할 수 있는 힘을 주고 있습니다. 하고 싶은 것도 많고, 애교도 많은 재간둥이 리흔(넌니)! 막내 DNA를 장착한 채 늘 엄마 아빠에게 비타민이 되어줍니다.

"가흔 언니에게는 가장 좋은 단짝 친구, 엄마 아빠에게는 사랑스러운 막내가 되어주어 고마워, 리흔아. 사랑해!"

아이들의 모든 일상을 기록하면서도 정작 부모님의 모습은 사진 한 장 제대로 남기지 못했습니다. 얼마 전 하늘로 떠나신 시어머님과 홀로 계신 시아버님, 제주도에서 막내딸을 걱정하면서도 늘 자랑스럽게 생각해주시는 부모님. 정말 감사합니다. 항상 든든한 버팀목이 되어주는 언니와 오빠, 형부와 올케 언니에게도 고마운 마음을 전합니다. 나 자신을 믿을 수 있었던 것은 나를 믿어주는 이들의 존재가 있기에 가능했던 일이라고 생각합니다.

가족을 생각하며 시작한 '간니닌니 다이어리' 채널에 애정을 쏟아준 분들께 깊은 감사의 마음을 전합니다. 우리 가족의 일상 이야기에 함께 웃고, 울고, 애정을 듬뿍 보내준 니블리 덕분에 책을 쓸 수 있었습니다. 간니 닌니를 아끼는 마음에 깊은 감동을 받는데, 유튜브라는 공간 안에서 우리가 한 가족임을 실감하곤 합니다. 유튜브 채널을 시작하면서 맺어진 새로운 가족들과의 하루하루가 늘 기대됩니다. 앞으로도 지금처럼, 매일 좀 더 즐거운 이야기를 나누며 함께 웃고 울며 더 끈끈하고 단단한 사이가 될 수 있기를 바랍니다.

"니블리 여러분, 감사합니다. 사랑해요."

마지막으로 맨땅에 헤딩하며 고군분투 할때, 많은 도움을 주던 CJ E&M 다이아TV 키즈 담당자 분들께도 감사 인사를 드립니다. 또한 저희 가족의 이야기가 책으로 나올 수 있게 애써주신 북21 관계자 분들께도 감사의 마음을 전합니다. 간니닌니 다이어리를 아껴주시는 모든 분들, 다시 한번 감사합니다.

안녕하세요. 간니 닌니 입니다. 이렇게 니블리들에게 편지를 쓰고 있으니 기분이 좋아요. 사실 저희가 처음 유튜브를 시작할 때는 유튜브 크리에이터가 어떤 것인지 잘 몰랐어요. 엄마 아빠랑 많이 놀 수 있을 것 같아서 시작했죠. 그런데 유튜브를 시작하고 예전해 못했던 일들을 많이 해봐서 너무 신났어요. 유튜브를 하다 보니 성격도 많이 바뀌고, 친구들도 많이 사귀고, 이렇게 니블리 분들과도 알게 되어서 너무 좋습니다.

니블리 분들이 저희를 알아보고 인사를 해줄 때마다 뿌듯해요. 유튜브 하길 참 잘했다는 생각이 들어요. 엄마 아빠랑 대화할 시간도 많아졌고, 가족들과 있는 시간이 행복하기만 해요. 친구같은 엄마 아빠를 자랑하고 싶어요. 부모님이 너무 자랑스러워요.

이렇게 엄마가 우리 가족 이야기로 책을 내는 것도 참 신기해요. 모두 유튜브를 시작하면서 새로 경험하는 일들이 우리 가족의 일상을 즐겁게 만들어주는 것 같아요.

저희들처럼 유튜브 크리에이터를 꿈꾸는 친구들에게 가족의 도움을 받으며 유튜브를 시작해 보라고 말해주고 싶어요. 혼자 하기보다 부모님의 도움을 받으면 더 오래 유튜브를 할 수 있어요. 하고 싶은 이야기, 좋아하는 이야기를 꾸준히 영상으로 담으면서 꿈을 꼭 이뤄 보세요. 저희도 앞으로 더 열심히 하겠습니다.

간니닌니 다이어리 많이 사랑해주셔서 정말 감사합니다. 앞으로도 저희랑 재미있게 놀아요. 니블리 분들도 모두 즐거운 매일을 보내세요. 하트 뿅뿅!!

유튜브! 아이의 놀이터가 되다

1판 1쇄 인쇄 2019년 7월 4일
1판 1쇄 발행 2019년 7월 20일

글 고은주
펴낸이 김영곤 박선영 펴낸곳 (주)북이십일 21세기북스
출판사업본부장 정지은
실용출판팀장 김수연 실용출판팀 이보람 이지연
디자인 elephantswimming
마케팅2팀 배상현 김윤희 이현진
출판영업팀 한충희 김수현 최명열 윤승환
홍보기획팀 이혜연 최수아 박혜림 문소라 전효은 김선아 양다솔
제작팀 이영민 권경민

출판등록 2000년 5월 6일 제406-2003-061호
주소 (10881) 경기도 파주시 회동길 201 (문발동)
대표전화 031-955-2100 팩스 031-955-2151 이메일 book21@book21.co.kr

(주)북이십일 경계를 허무는 콘텐츠 리더

21세기북스 채널에서 도서 정보와 다양한 영상자료, 이벤트를 만나세요!
장강명, 요조가 진행하는 팟캐스트 말랑한 책 수다 <책, 이게 뭐라고>
페이스북 facebook.com/jiinpill21 **포스트** post.naver.com/21c_editors
인스타그램 instagram.com/jiinpill21 **홈페이지** www.book21.com
유튜브 www.youtube.com/book21pub
서울대 가지 않아도 들을 수 있는 명강의! <서가명강>
네이버 오디오클립, 팟빵, 팟캐스트에서 '서가명강'을 검색해보세요!

© 고은주, 2019

ISBN 978-89-509-8223-2 03370